Lilun Tansuo yu Wenti Yanjiu
Guoyou Qiye Gaige yu Guoyou Zichan Jianguan
Gongzuo Chengguo Huibian

理论探索与问题研究

国有企业改革与国有资产监管工作成果汇编

高雅丽　著

知识产权出版社

全国百佳图书出版单位

图书在版编目（CIP）数据

理论探索与问题研究：国有企业改革与国有资产监管工作成果汇编/
高雅丽著．—北京：知识产权出版社，2016.5

ISBN 978—7—5130—4073—0

Ⅰ．①理… Ⅱ．①高… Ⅲ．①国有企业—企业改革—研究—中国
②国有资产管理—研究—中国 Ⅳ．①F279.241 ②F123.7

中国版本图书馆 CIP 数据核字（2016）第 039194 号

责任编辑：刘　爽　　　　　　　　责任校对：谷　洋

封面设计：春天书装　　　　　　　责任出版：孙婷婷

理论探索与问题研究

国有企业改革与国有资产监管工作成果汇编

高雅丽　著

出版发行：	知识产权出版社 有限责任公司	网　　址：	http：//www.ipph.cn
社　　址：	北京市海淀区西外太平庄 55 号	邮　　编：	100081
责编电话：	010-82000860 转 8125	责编邮箱：	13810090880@139.com
发行电话：	010-82000860 转 8101/8102	发行传真：	010-82000893/82005070/82000270
印　　刷：	北京中献拓方科技发展有限公司	经　　销：	各大网上书店、新华书店及相关专业书店
开　　本：	880mm×1230mm　1/32	印　　张：	5.375
版　　次：	2016 年 5 月第 1 版	印　　次：	2016 年 5 月第 1 次印刷
字　　数：	114 千字	定　　价：	35.00 元

ISBN 978-7-5130-4073-0

前　言

　　本书是十年来笔者在国有资产监督和国有企业改革领域研究成果的总结。自 2004 年参加工作以来，笔者曾参与多项部级课题，并在《中国经济时报》《国有资产管理》等期刊报纸上独立发表相关文章；同时在工作之余，围绕以上两个主题不断钻研和积累形成此次成书的成果资料，不涉及工作秘密。相信会对关心国有企业改革发展和国有资产监督体制改革的管理者、学者和研究者提供一些参考。

　　国资监管工作极具探索性、挑战性。自 2003 年国务院国资委成立以来，随着一系列国资、国企改革文件的出台，国家对全面深化国资、国企改革提出更高更新要求。笔者紧紧围绕监事会①作为出资人监督代表的定位，对国有资产监督管理体制的完善和中央企业②的改革发展进行深入思考，做了一些研究和探索。在此感谢各位领导和同志们在审核文章，以及共同完成课题时给予的耐

---

　　①指国资委代表国务院向国有重点大型企业派驻的监事会。
　　②指国有重点大型企业。

心指导和帮助。通过参与课题和发表文章，也使本人的理论水平更上一层楼，研究能力和业务素质得到显著提高。

希望社会各界人士多提宝贵意见，共同推动国有资产监督体制的不断完善和国有企业的持续健康发展。

目　录

第一编

国有企业改革发展

中央企业在社会主义市场经济中的作用[*]

　　正确认识国有经济在社会主义市场经济中的作用，进而正确认识中央企业在社会主义市场经济中的作用，是一个事关我国基本经济制度的性质，事关国有经济改革与发展的方向，事关中国特色社会主义前途命运的根本问题。当前社会上对基本经济制度特别是国有经济的认识存在不少模糊甚至混乱之处，这些错误认识不仅影响着中国特色社会主义理论的完善和发展，也会影响社会主义改革和发展事业的顺利推进，这就需要通过深入的讨论和研究，实事求是地回答和解决。《中华人民共和国宪法》第七条指出："国有经济，即社会主义全民所有制经济，是国民经济中的主导力量"。中共十五届四中全会通过的《中共中央关于国有企业改革和发展若干重大问题的决定》指出："国有企业是我国国民经济的支柱。发展社会主义社会的生产力，实现国家的工业化和现代化，始终要依靠和发挥国有企业的重要作用。"中共十六大报告进

---

*部分内容曾发表于《国有资产管理》2012 年第 5 期。

一步强调，"发展壮大国有经济，国有经济控制国民经济命脉，对于发挥社会主义制度的优越性，增强我国的经济实力、国防实力和民族凝聚力，具有关键性作用。"中共十七大报告指出："深化国有企业公司制股份制改革，健全现代企业制度，优化国有经济布局和结构，增强国有经济活力、控制力、影响力"。

国有经济是国民经济的骨干力量，国有经济的健康发展对于实现"十二五"时期经济社会发展的目标，具有十分重要的作用。国有企业作为国有经济的主要存在形式或主要载体，是国民经济的重要支柱，是我们党执政的根基，是国家的脊梁。中央企业是国民经济的骨干，也是国有企业的主体，在经济发展中发挥着顶梁柱的作用，为发展经济、增强国力做出了重要贡献。特别是2003年国资委成立后，中央企业已成为国民经济更有影响力、控制力的经济实体，是代表国家参与国际竞争的重要力量，具备引领科技创新的经济实力和基本条件，下面重点从六个方面谈中央企业在社会主义市场经济中的作用。

一、中央企业在保持国民经济平稳较快发展中发挥骨干作用

自2003年以来，中央企业占我国GDP中的比重基本保持在10%左右，资产规模平稳增长，营业收入逐年上升，占全国国有企业的比重有所提高。2010年中央企业实现资产总额达24.3万亿元、营业收入总额16.73万亿元、实现净利润8490亿元，分别占全国国有企业的比重为35.6%、52.4%和50.7%。此外，在我

国全部企业纳税的所得中，无论是税源规模，还是税额比重，中央企业所纳税款都占相当重要的位置。2010 年中央企业上缴税金总额 1.3 万亿元，[①] 占全国国有企业的近五成，其中上缴税金总额超过百亿元的中央企业有 25 家，比上年增加两家。[②]

中央企业主要分布在一些关系国家安全和国民经济命脉的重要行业和关键领域。这些行业和领域的健康发展是整个国家健康发展的基础，承担着我国绝大部分原油、天然气和乙烯的生产，提供了全部的基础通信服务和大部分增值服务，发电量约占全国的 65%，生产的水电设备占全国的七成，火电设备占 3/4，民航运输总周转量占全国的七成以上，汽车产量占全国的四成以上，造船产量占全国的一半。[③] 可见，中央企业在上述行业和领域中发挥骨干作用。目前，部分中央企业已经具有一定的国际竞争力，如 2010 年，神华集团煤炭产量突破 3.5 亿吨，煤炭销售突破 4.5 亿吨，连续五年成为世界第一大煤炭生产商和经销商；中国石化原油年综合加工能力约 2.24 亿吨，炼油能力全球排名第二位；宝钢集团钢产量 4450 万吨，居世界前三位；中材集团凭借完整的水泥工程产业链和系统集成服务能力，占据四成的国际市场份额，等等。

---

①数据来源于王勇同志在中央企业科技创新工作会议上的讲话，国务院国资委网站。
②摘自国资委网：《中央企业 2010 年度总体运行情况》。
③摘自国资委研究局：《新的历史条件下我国国有经济的定位和功能研究》，2011 年 3 月。

二、中央企业大力推动产业升级，在结构调整中发挥带头作用

经济结构调整是一项重大而紧迫的任务，关系我国经济能否实现更长时期、更高水平、更好质量的发展。中央企业在转变经济发展方式和推进经济结构调整中肩负着重要使命，要着眼全局、着眼长远，通过实际行动带好头，领好队。一是大力培育发展战略性新兴产业。中央企业要充分发挥科技优势、人才优势、资金优势，选准技术突破方向，加强联合攻关，着力突破制约战略性新兴产业发展的核心关键技术。二是大力改造传统产业。中央企业加大企业技改投入，加大技术改造力度，切实围绕品种质量、节能降耗、淘汰落后、安全生产等重点领域，创新研发设计，改造工艺流程，提升产品质量，创建知名品牌，大力提高传统产业中先进产能比重。三是大力推进企业兼并重组。中央企业按照市场规律，根据企业发展需要，采取多种形式，积极推动中央企业之间、中央企业与地方国有企业之间、中央企业与其他所有制企业之间的联合重组，优化产业布局，整合产业链条。四是大力发展生产型服务业。中央企业从制造环节为主向研发设计和销售服务等"微笑曲线"的两端延伸，从制造商向综合服务提供商转变，大力提高企业的附加值和增值率。

三、中央企业着力推进技术创新，在建设创新型国家中发挥排头兵作用

中央企业在转变经济发展方式、建设创新型国家的进程中，有责任、有义务成为发展战略性新兴产业的主导力量，发挥排头兵的作用。据了解，目前中央企业中已有半数以上企业布局节能环保、新材料、新能源、高端装备制造、生物医药等新兴产业，并且在节能建材、核能建设等细分领域获得了一定突破，产业范围基本涵盖了七大战略性新兴产业。①

"十一五"期间，中央企业科技活动表现突出，创新型企业试点工作积极推进。截至 2010 年底，65 家中央企业成为国家创新型试点企业，54 家被正式命名为"创新型企业"。2010 年新增建设企业国家重点实验室 47 家，占全国获批总数的 49％。国家推动建设的 56 个产业技术创新战略联盟中，24 个由中央企业牵头或参与组建。截至 2010 年年底，中央企业累计拥有专利 10.74 万件，其中发明专利三万件。中央企业拥有两院院士 217 人，中央企业"千人计划"专家 125 人，一大批青年科技人才在实践中快速成长，成为中央企业进一步提升创新能力的中坚力量。此外，《国家中长期科学和技术发展规划纲要》确定的我国需要突破的 11 个重点领域，中央企业都有涉及。16 个国家科技重大专项，中

---

① 摘自北极星电力网：《央企结构调整再提速，节能环保成热点》，2012 年 2 月 8 日。

央企业参与了 15 个；863 计划的参与率达到 29.5％，科技支撑计划参与率达到 23.3％，即使在基础研究领域的 973 计划中，参与率也达到 13.5％。历年国家科技进步特等奖及绝大部分的国家技术发明一等奖均有中央企业获得，国家科技进步一等奖和二等奖的获奖比例均保持在同类奖项的 60％和 30％左右。在载人航天、绕月探测、特高压电网、支线客机、4G 标准、时速 350 千米高速动车、3000 米深水钻井平台、12000 米钻机、实验快堆、高牌号取向硅钢、百万吨级煤直接液化等领域和重大工程项目中取得了一批具有自主知识产权和国际先进水平的创新成果。国家 14 项重大科技专项，国有企业中的中央企业直接参与 12 项，如嫦娥工程、高铁等自主创新成果为举世称道。① 由此可见，中央企业多年积累和发展所形成的科技创新能力，使得其有条件、有能力发挥科技创新的骨干带动作用，能够更好地为行业共性、关键技术研发和国家科技进步服务，并做出更大的贡献。

四、中央企业进一步深化改革，在体制机制创新中发挥示范作用

中央企业发展取得的显著成绩，是坚定不移推进改革的结果。解决制约中央企业发展的深层次矛盾和问题，从根本上必须靠继

---

①廖元和 . 国企论纲——国有企业在中国特色社会主义事业中的地位和作用 [J].
企业文明，2011（9）.

续深化改革。坚持以改革促发展、促稳定、促和谐，加强内部管理，规范经营秩序，降本增效。"十二五"期间，中央企业要继续加快推进公司制、股份制改革，完善企业法人治理结构，深化规范董事会试点，积极推进董事会行使重大决策权、经营选聘权和考核奖惩权。进一步深化中央企业内部劳动、用工、分配等机制改革，坚持市场化的用工方向，能进能出、能上能下的用人机制，有利于调动管理层和职工积极性的分配激励机制。力争在推进厂办大集体改革、分离办社会职能等方面取得积极进展。同时，建立科技投入稳定增长的长效机制，确保企业研发投入随营业收入的增长而不断加大。将科技投入纳入全面预算管理，建立科技发展专项资金制度。完善科技考核指标体系，探索将重大科技成果和成果应用与转化纳入企业负责人的业绩考核。

五、中央企业在"走出去"中发挥领头羊作用

中央企业是我国加快实施"走出去"战略、参与经济全球化的骨干力量和重要依托，中央企业有义务、有责任在"走出去"，实施国际化经营中发挥领头羊的作用，带头执行国家战略，维护国家和企业的良好形象。国务院国资委已明确将"国际化经营"确定为"十二五"时期推进中央企业改革发展的五大战略之一，要求中央企业加快走出去步伐，积极开展海外业务，提升国际市场份额，优化产业链和价值链，制定切合实际的国际化经营战略，从根本上提升企业的实力和竞争力，参与更高水平的国际竞争，融入世界经济主流。近年来，中央企业国际化经营水平不断提高，纯境外单位规模及占比逐年提高。据初步统计，截至 2010 年年底，约 100 家中央企业在境外（含港澳地区）设立了子企业或管理机构，纯境外单位资产和营业收入迅速增长。例如，中国石油天然气集团公司、中国远洋运输（集团）总公司等中央企业纯境外单位资产和营业收入占集团总资产和总营业收入的比例不断扩大。此外，2008—2010 年中央企业入选《财富》世界 500 强的家数呈逐年递增，2010 年中央企业入选家数增至 38 家，占国内上榜企业的比重达 55.1%。

近年来，中央企业采取直接投资、兼并收购、投资入股等多种方式"走出去"，取得了重要进展，积累了丰富的经验，在带动设备出口，劳动力输出，以及获取国内发展急需的资源等方面发挥了十分重要的作用，今后要进一步加大"走出去"工作力度，通过并购、联合等方式，努力获得外国先进技术、知名品牌、研发人才、能源资源，增强中央企业的自主创新能力和全球配置资源能力，努力建设大型跨国公司。

六、中央企业积极履行社会责任，在维护社会和谐稳定中发挥表率作用

中央企业不仅仅是一般的企业，一方面，作为国家参与和干预经济的有效手段，担负着执行并实现国家宏观经济调控、产业结构调整等政策目标的职能；另一方面，作为国有企业，体现国家的意志和要求，承担着促进社会经济可持续发展、维护社会稳定、促进就业等多项社会目标。在社会主义市场经济中，中央企业更加有动力从社会全局的长远利益出发从事经济活动，这种属性也使之成为实现科学发展和构建社会主义和谐社会的重要保障。

积极履行社会责任是国有企业内在的重要属性，中央企业发挥了表率作用，一是在保障市场供应、稳定物价、维护经济正常运行等方面坚决服从经济社会发展大局发挥重要作用。如，中央石油石化企业、电力企业在价格倒挂的情况下，依然满负荷运转，承担了巨额的政策性亏损，保障了油价、电价的相对平稳。在国际粮价大幅波动中，中储粮总公司坚决执行国家最低收购价、跨省移库等调控政策，有效抑制了市场波动，国内粮价始终保持平稳，既稳定了物价又确保了农民的收入稳定。在国际金融危机中，中央企业坚持做到"减薪不裁员、歇岗不失业"，并积极招录大学毕业生。另外，中央企业深入偏远地区，积极推进"村村通电""村村通电话"工程，开展"12316新农村热线"以及"农信通"等业务，努力改善农村基础设施和生活条件，用信息化手段提高农业生产力，帮助农民脱贫致富。二是中央企业积极参与社会公益事业，参与援疆援藏、扶贫和西部大开发，为促进区域经济协调发展做出了贡献。汶川地震抗震救灾和震后重建中，仅150多家中央企业捐款捐物就达60亿元，占国内外社会各界捐款捐物总额的10％。中国建筑、中国中铁、中国铁建、中国水电集团等企业克服高寒缺氧、交通不便等困难，在青海玉树恢复重建中发挥了重要作用。中国黄金在建设西藏甲玛项目中，投入大量资金修路、引水、助学、帮扶困难群众，维护了民族团结。①

可见，要建设中国特色社会主义，坚持和完善公有制为主体、多种所有制经济共同发展的基本经济制度，巩固和发展公有制经济，就必须充分发挥国有经济的主导作用，充分发挥中央企业的骨干作用。"十二五"期间，是全面建设小康社会的关键时期，是深化改革开放，加快经济发展方式转变的攻坚时期，是我国发展仍处于可以大有作为的战略机遇期。中央企业以"做优做强，培育具有国际竞争力的世界一流企业"为发展目标，在加快转变经济发展方式、全面完成"十二五"各项任务、实现全面建设小康社会宏伟目标中充分发挥主导作用、骨干作用、表率作用，努力做大做强，实现发展质的新飞跃，为我国经济社会发展做出新的更大的贡献。

---

①王勇在中央企业负责人会议上的讲话［R］. 2010-12-23.

做强中央高端装备制造业[*]

一、中央企业在我国高端装备制造业中的地位和作用

《中共中央关于制定国民经济和社会发展第十一个五年规划的建议》提出培育发展战略性新兴产业，其中包括高端装备制造业^①。2010 年 10 月 10 日，国务院正式发布《关于加快培育和发展战略性新兴产业的决定》，确定战略性新兴产业将成为我国国民经济的先导产业和支柱产业。《中共中央关于制定国民经济和社会发展第十二个五年规划的建议》中也明确指出："以重大技术突破和重大发展需求为基础，促进新兴科技与新兴产业深度融合，在继续做大做强高技术产业基础上，把战略性新兴产业培育发展成

---

　*部分内容曾发表于《国有资产管理》，2012 年第 10 期。
　①高端装备制造产业是现代制造业的高端部分，既包括高档数控机床与基础制造装备、自动化成套生产线、智能控制系统、精密和智能仪器仪表与试验设备、关键基础零部件、元器件及通用部件以及智能专用装备等具有感知、分析、推理、决策、控制功能的智能制造装备，也包括航空航天装备、轨道交通装备、海洋工程装备等技术密集、附加值高、成长空间大、带动作用强的高端装备制造业。

为先导性、支柱性产业"。2012 年 5 月初,《高端装备制造业"十二五"发展规划》正式发布,将航空装备、卫星及应用、轨道交通装备、海洋工程装备和智能制造装备列为"十二五"期间我国高端装备制造业的五大发展重点;提出到 2015 年,我国高端装备制造业销售收入超过六万亿元,到 2020 年,高端装备制造业销售收入在装备制造业中的占比提高到 25%,将其培育成国民经济的支柱产业,这意味着高端装备制造业将迎来一个高速发展期。

中央企业作为我国国民经济的重要支柱和科技创新的骨干力量,在转变经济发展方式、建设创新型国家的进程中具有重要地位和作用,近年来,中央企业结合自身实际,积极调整发展战略和产业结构,把发展的着力点聚焦到战略性新兴产业上,取得了一定成效,如在发展高端制造业方面,中国一重已成为具有国际竞争力的重型装备制造商,其承担的国家"高档数控机床与基础制造装备"重大专项课题,被列为国家数控专项的十大标志性成果,为世界首创,属原始创新,拥有自主知识产权,达到国际领先水平。中国南车、中国北车引进消化吸收再创新,列车制造技术达到国际领先水平。在 2010 年国家科技大会上,中央企业在高端装备制造产业有"六轴 7200kW 大功率交流传动电力机车的研发及应用""地球空间双星探测计划"等五个项目获奖。可见,作为高端装备制造业的领头羊,中央企业在国内已经有相当的技术基础和人才储备,其市场空间大,着力做强中央高端装备制造企业是抢占世界经济科技制高点,增强我国经济科技实力的重要举措。"十二五"期间，在各行各业加快转变经济发展方式的背景下，高端装备制造领域中央企业承载着完成从"中国制造"到"中国创造"跨越的战略使命，实现由"制造大国"向"制造强国"转变。

二、我国高端装备制造业的现状及问题

（一）我国装备制造业的现状

党的十六大、十七大报告均明确提出，大力振兴装备制造业。2006 年，国务院出台的《关于加快振兴装备制造业的若干意见》明确了振兴装备制造业的工作方向。2008 年下半年以来，我国装备制造业持续多年的高速增长势头明显趋缓，生产企业经营困难，经济效益持续下滑，可持续发展面临挑战。2009 年以来，在中央一系列宏观调控政策的积极作用下，装备制造业总体实现平稳较快增长，回升向好态势逐步明朗并不断巩固，为工业经济平稳较快发展做出了重要贡献。2010 年，我国装备制造业经受住了出口市场不利、下游产品需求结构升级和部分产品产能过剩等种种不利影响，生产保持稳步增长，市场规模继续扩大，企业投资信心增加，国家政策支持效果已逐步显现。

"十一五"期间，我国装备制造业取得了令人瞩目的成就。2006—2010 年，我国装备工业增加值增长超过 25%，从总量规模看，我国现位居世界领先位置，跻身世界装备制造业大国行列；

重大技术装备自主化水平也有了显著提高，装备制造业支柱产业的地位进一步突出，一批重点产品已达到国际先进水平，一批装备制造企业在国际上崭露头角，一批产业聚集区在加快形成，部分产品技术水平和市场占有率跃居世界前列。可以说，目前我国装备制造业体系非常完善。只要是装备，在我国均可以找到生产企业，这在国外是没有的。根据 2009 年的统计数据，我国装备制造业规模总量已经达到 2.2 万亿美元，产业规模位居世界第一，而美国和日本两国制造业总量分别为 1.5 万亿美元和 1.23 万亿美元。但是，"做大"的同时，我国制造业的发展大部分还停留在产业链的低端，以生产低附加值产品为主，前端研发设计与后端的销售环节都受制于人，过度依赖投资增长、自主创新能力薄弱、缺乏核心技术和自主品牌、能源资源利用效率低下、基础配套能力滞后等问题一直困扰着我国装备制造业的可持续发展。目前我国装备自给率虽达到了 85％，但主要集中在中低端市场，高端装备仍主要依赖进口。装备制造业目前普遍面临整体利润水平不高的窘境，尽管一批行业骨干企业发展较快，但生产规模大，经济效益低制约了企业做大做强。

（二）中央高端装备制造企业面临的形势及存在的问题

1. 我国中央高端装备制造企业整体大而不强

目前，虽然我国已成为全球第二航空大国及船舶制造业大国，与国外先进企业的距离正在拉近，并加速形成产业化。但应该承认，在很多领域空心化、趋同化现象很严重。我国中央高端装备制造企业的能力、实力与发达国家相比，仍存在较大差距，大而不强的矛盾始终困扰其科学发展。2010年我国高端装备制造业实现销售收入只有约1.6万亿元，仅占装备制造业销售收入的8%左右。在高端装备制造领域，80%的集成电路芯片制造装备、40%的大型石化装备、70%的汽车制造关键设备及先进集约化农业装备仍依靠进口。多数出口产品是贴牌生产，拥有自主品牌的不足20%。有人把中央高端装备制造企业的大而不强，形象地比喻为"虚胖子"。自主研发能力差，具有自主知识产权的东西少，自主创新能力薄弱，缺乏核心技术和自主品牌，重引进、轻开发、重模仿、轻创新的倾向还没能根本改观，存在"引进——落后——再引进——再落后"的怪圈。因此，自主研发、自主创新对于我国高端装备制造企业来说显得尤为重要。可以这么说，迄今为止，中央高端装备制造企业还没有能力承担起"装备中国"的重任。

2. 中央高端装备制造企业存在的问题

当前，培育中央高端装备制造企业"由大到强"，转变发展方式是当务之急，应着重解决以下普遍存在的问题。

第一，过度依赖要素投入、经济效率不高。依赖资源和资金的大规模投入的粗放发展方式，是导致高端制造业产能过剩的主要原因，并形成某些领域的恶性竞争，这样下去不仅是效率问题，而且是扰乱市场秩序、严重阻碍高端产品发展的关键问题。由于要素大量投入，也导致了区域结构趋同化，盲目追求GDP和地方财政增长，加剧区域内重复投资和产能过剩现象，甚至加剧资源浪费和环境污染。

第二，自主创新薄弱，高端装备制造呈现失守困局。目前中央装备制造企业不能生产大型民用飞机、深水海洋石油装备，90％的高档数控机床、95％的高档数控系统、机器人依赖进口，工厂自动控制系统、科学仪器和精密测量仪器对外依存度达70％。因此，技术创新体系亟待改造，建立完善的技术创新体系是我国装备制造业持续发展的关键所在。

第三，关键零部件发展滞后，主机面临"空壳化"危机。高端主机和成套设备所需的关键零部件、元器件和配套设备大量进口。海洋工程装备大多数配套设备依赖进口。航空工业所需发动机、机载设备、原材料和配套件的配套能力差，为高档数控机床配套的高档功能部件70％需要进口，大型工程机械所需30MPa以上液压件全部依赖进口；占核电机组设备投资1/4的泵媒主要依赖进口，其发展受到严重制约。

第四，大型企业集团不强，缺乏专特精的小巨人企业为之配套。制造能力强、研发能力弱；依赖引进技术多、拥有自主知识产权的技术少；生产产值高、工业增加值低；单机制造能力强、系统集成能力弱。因此，必须通过装备制造业产业链的改善，建立以企业为主体的创新体系来解决大企业集团的竞争能力。

三、做强中央高端装备制造企业的对策及建议

（一）着力增强中央高端装备制造企业的自主创新能力

以高技术为中心的现代科学技术的发展，对中央高端装备制造业的发展提出了更高、更新的要求。主要工业发达国家不断增强高技术在装备制造业发展中的影响力和渗透力，从而更加凸显了现代装备制造业对于推动产业技术升级和国民经济发展的重要性。实践证明，通过市场交易得来的技术只能是入门技术，核心技术是买不来的。花钱买不来现代化，不可能从发达国家引进最新、最尖端的成果，真正的核心技术、关键技术必须依靠自主创新。自主创新是制造业大国走向制造业强国的必由之路。中央高端装备制造企业一定要发展拥有自主知识产权的高端装备制造产业，用中国装备装备中国。因此，一是要科学分析高端装备制造业自主创新过程所面临的背景和各种问题，把握好产业自主创新的规律和机制，切实完善体制机制，注重对引进技术的消化吸收和升级改造、创新发展，着力推进原始创新；二是加大对高端装备制造企业自主创新的资金支持力度，支持和引导对装备产业关键技术领域的研发投入，并结合国家中长期科技规划纲要的实施，建立和完善以企业为主体、市场为导向、产学研相结合的技术创新体系，进一步加强高端装备制造业的关键技术和共性技术研发，形成"生产一代、试制一代、研发一代、构思一代"的创新模式，

全面增强高端装备制造业自主创新能力；三是大力增强集成创新和联合攻关，积极参与国际分工合作，加强引进消化吸收再创新，充分利用全球创新资源，突破一批关键核心技术，掌握相关知识产权，强化科技创新，抢占自主创新的制高点，提升高端装备制造业的核心竞争力。

（二）着力培育一批具有较强国际竞争力的大型企业集团

当今世界装备制造大国如美国、日本、德国等国家普遍重视培育大型企业集团，以此带动了本国装备制造业的发展，有时甚至充当政府代言人，组织重大工程建设、尖端产品技术研发和对外贸易等。而在世界 500 强榜单上，中央高端装备制造企业寥寥无几。加快振兴高端装备制造业，要鼓励和引导以行业龙头骨干企业为主体，组建形成集系统设计、系统集成和工程总承包于一体的大型工程公司和系统成套公司，提高装备工业的总承包、总集成能力，参与国家重点工程项目建设管理；鼓励支持国内有条件的大型高端装备制造企业"走出去"，并购参股国外先进企业；鼓励高端装备制造企业之间、关联企业之间、企业与科研院所之间的联合、重组，进行横向以及纵向的整合，结成动态战略联盟，通过多种途径培育大型企业集团，特别是对在重大技术装备制造领域具有关键作用的高端装备制造骨干企业，要在保证国家控制能力和主导权的基础上，支持其进行跨行业、跨区域、跨所有制的重组，打造具有核心竞争力的世界级高端装备制造企业集团。

（三）创新中央高端装备制造企业发展模式

面对日益激烈的市场竞争，对于中央高端装备制造企业来说，创新商业运行模式无疑是成功的基石，瞄准高端，抢占高端，从高端寻求突破，已成为其摆脱传统模式，向新型现代化模式转型发展的战略聚焦点。因此，要顺应时代大趋势，突破传统的装备制造业生产结构、技术结构、产品结构、营销结构、管理结构，摆脱以大量消耗和浪费资源为特征的传统低效能、低效率发展模式，变革和创新发展模式，实现生产、技术、销售、经营、管理、制度、决策等各个领域和层面的创新发展，才能推动装备制造业向高能效、低能耗、低排放的发展模式转变，建立起适应新型工业化要求的创新型装备制造业发展模式和发展体系，实现由依靠投资拉动向主要依靠技术进步提高劳动者素质推动的转变；由注重生产能力扩张向注重技术能力积聚的转变；由生产型制造向服务型制造的转变；由价值链低端向价值链高端的转变；由对环境挤压向对环境友好的转变，在转型发展中变革和创新发展模式，实现新的更大发展。

（四）做强产业集群，着力提升高端装备制造业聚集力

拥有竞争力强的高端装备制造产业群，是世界工业强国的基本特征和重要标志。通过产业集群推进我国中央高端装备制造企业发展，可以从以下几个方面着手：第一，要深化中央高端装备制造企业的改革，通过这些企业的重组和技术改造实现结构升级，

通过企业间的技术外溢和分工协作带动周边企业的发展，推动国有大型装备制造业企业与产业集群之间的互动和融合；第二，增强企业间的横向联系和知识交流，强化生产企业与外部主体要素的互动，形成高效的高端装备制造企业协作模式（可以在集群内部建立以装备制造企业为主导的知识共享平台和装备制造业集群主体要素交流平台，推动本区域内以市场为基础的知识、人力资源的流动和技术扩散）；第三，使社会网络层成为高端装备制造业集群网络结构的支撑，让区域社会创新网络的发育和形成成为集群发展的外部动力。扶持企业创办研发中心，提高大企业在研发、设计方面的自主创新能力，完善集群创新的激励、决策和运行等机制，促进形成区域性、共生型、开放式的创新网络体系。总之，通过大力培育和发展中央高端装备制造企业产业集群，辐射形成一个由相互关联的企业与机构织成的网，促进高端装备制造业产业链的延伸和产业配套体系的完善，从而提升高端装备制造业聚集力。

总之，我国中央企业要做强做优，成为具有国际竞争力的一流企业，实现装备制造业高端突破，由"传统"向"先进"、由"制造"向"创造"跨越，必须要实现"六大转变"，即由粗放加工向精密制造和工艺创新转变、由简单模仿制造向掌握核心技术转变、由低附加值产品向高附加值产品转变、由重生产规模向重质量控制和标准化转变、由设备制造向系统集成转变、由单纯制造向制造服务化转变。

天然气分布式能源项目投资策略

　　发展分布式能源是我国走向节能减排和低碳发展的重要途径之一，产业前景广阔。分布式能源指利用小型设备向用户提供能源供应的方式，包括利用天然气、太阳能、风能和燃料电池等多种形式。其中天然气分布式能源指利用天然气为燃料，通过冷热电三联供等方式实现能源的梯级利用，综合能源利用效率在70％以上，并在用能负荷中心就近实现能源供应的现代化能源供应方式，目前已在美国、日本、丹麦、荷兰等发达国家得到广泛应用。发展天然气分布式能源是能源战略安全、电力安全以及我国天然气发展战略的需要，可缓解环境、电网调峰的压力，能够提高能源利用效率。

　　天然气分布式能源在我国发展有近十年的历史，自2011年《关于发展天然气分布式能源的指导意见》（以下简称《指导意见》）颁布以来，以天然气为燃料的分布式能源系统建设已进入实质性开发实施阶段，在北京、上海、广州等大城市的交通枢纽、宾馆、医院、商城楼宇、大学城等都有一批热、电、冷联产示范工程投入运行。

一、我国天然气分布式能源的现状

（一）投资天然气分布式能源的动因

1. 综合效益较高

天然气分布式能源节能降耗明显，除获得 40％左右的发电效率外，还能将中温废热回收利用供冷、供热，综合能源利用率可达 70％以上，远高于常规燃煤机组的能源利用率，有利于清洁能源和可再生能源的推广；借助发展天然气分布式能源项目，可带动国内小型燃机、天然气发动机、吸收式制冷机等一系列装备的研制和运用。

2. 安全环保性高

在出现突发事件时，天然气分布式能源站可以确保安全供电，减缓电力供应对集中供能系统的过分依赖，且与大电网配合，弥补大电网在安全稳定性方面的不足，提高供电可靠性，具有对电网和天然气管网的双重削峰填谷能力。此外，采用天然气为主要燃料，燃烧后基本无二氧化硫和粉尘排放，烟气中氮氧化物排放符合相关环保标准，具有良好的环保效益，可以破解"雾霾"难题。

3. 良好的成长性和经济性

目前，我国天然气供应日趋增加，智能电网建设步伐加快，专业化服务（产业）方兴未艾，为天然气分布式能源发展提供了条件。与传统电制冷相比，分布式能源三联供系统能源利用率高，能源供应成本下降，在能源价格不断增长的形势下更具良好的经济效益。

（二）投资天然气分布式能源业务利弊分析

1. 有利因素

近几年来，国务院和有关部门相继出台若干政策，支持天然气分布式能源产业发展，如《指导意见》《天然气利用政策》《燃气冷热电三联供工程技术规程》《分布式电源接入电网技术规定》《分布式电源并网相关意见和规范》《分布式发电管理暂行办法》等。同时，北京、上海、广州市等地方政府陆续颁布天然气分布式能源鼓励优惠政策。此外，2013 年 5 月 15 日，国务院发布的《关于取消和下放一批行政审批项目等事项的决定》中，取消和下放七项涉及能源领域的行政审批事项，其中包括天然气分布式能源项目审批。在国家大力提倡节能减排和低碳发展，加大污染特别是大气污染治理，努力改善雾霾状况等背景下，2014 年 10 月国家发展改革委、住房城乡建设部、国家能源局三部委（局）联合印发《天然气分布式能源示范项目实施细则》（以下简称《细则》），可看作《指导意见》的配套政策，旨在完善天然气分布式能源示范项目审核、申报等管理程序，推动天然气分布式能源快捷、健康、有序发展。

2. 风险和挑战

一是受传统认识和配套政策不完善等影响，导致分布式能源陷入"建不起，用不起，没效益"的怪圈；二是经济效益不理想。目前单体项目的投资回报周期通常在 8—15 年（部分区域项目预计 15 年以上），低于一般企业可接受的投资回报率。目前核心设备依赖进口，不但使工程造价大幅提高，而且备品备件和维修费高，增加运行维护成本，明显拉低项目的经济效益；三是受气源稀缺和并网及上网电价不确定等上下游制约。各城市燃气公司首先保证常规的工商民市场的气源，对于分布式能源的天然气供应较为紧张。在一些地区分布式能源的电力并网、上网、上网价格等方面还存在较大不确定性。此外，管网建设滞后，燃气配套费用较高。

二、投资天然气分布式能源面临的主要问题

（一）关键核心设备依赖进口，购置维护成本高

在典型的天然气分布式能源项目中，设备投资占总投资的 60%—70%，其中核心设备占总投资的 30%—40%，目前关键核心设备如燃气轮机技术、高效蓄能技术等仍依赖进口。国外厂商通过严密的技术封锁体系维持市场垄断地位，获取超额利润，高额的设备成本不但制约了项目的经济性，增加了设备维护保养费用（满负荷运行情况下维护费用可达 0.1 元/千瓦时），而且对国

内的燃机厂商造成了很大的冲击。此外，自 2007 年开始，国家取消小型和微型原动机进口优惠，目前进口环节税费占到设备购置费的 30％，这也是造成天然气分布式能源项目设备购置费高企的原因之一。

（二）气价和气源成为制约分布式能源发展的重要因素

天然气价格是影响经济性的关键因素，燃气成本占总收入的 70％—80％，当燃料价格上涨 1％时，项目收益率下降 0.35％；目前受国家天然气价格调整影响，国内天然气有上涨趋势，势必进一步增加项目的运营成本，大幅降低项目的经济性。在现有法规框架内，除建于用户场所内且装机不超过 6MW 的外，其他分布式能源项目只能向电网卖电，若比照燃煤脱硫标杆电价，分布式能源项目将严重亏损。

（三） 电力并网上网机制尚未理顺

上网电价、售电方式和电网接入模式有待明确。天然气分布式能源设计原则是"以热（冷）定电，热（冷）电平衡，自发自用，多余上网，余缺网补"。按照我国现有的电力体制，分布式冷热电联供系统不能发电直供和以合理价格上网，是目前分布式能源发展的最大障碍。上网电价是天然气分布式能源项目经济性的重要影响因素，目前有两种售出方式。一是电能直接供给区域内用户，在区域内消纳，余电上网。这种模式是天然气分布式能源项目最理想的电能售出模式，有利于发挥其优势，但是因存在

"第三方售电"的嫌疑，电网方面的阻力很大，难以顺利实现。二是电力上网。天然气分布式能源的度电成本远高于标杆电价，目前电网公司虽同意电力上网，但往往以略高于标杆电价的脱硫脱硝电价收购，导致分布式能源项目亏本售电，往往需要其他形式的补贴，方能盈亏平衡，所以能否取得足够的补贴决定了项目盈利水平。此外，天然气分布式能源系统既发电又用电，且尚未明确解决用电容量大于发电容量的情况，这对于电网公司是个棘手的问题，因而也制约了项目的推进。

三、有关建议

针对行业和企业自身存在的风险和问题，有关企业认为推广使用天然气分布式能源目前最主要的障碍是"节能不赚钱"。目前虽然我国天然气供应日趋增加，智能电网建设步伐加快，《细则》已出台，但具体标准还未落实，分布式能源发展还有一大段路要走，为此建议企业应注意加强风险管控，做好市场调研和战略布局性开发，控制投资节奏，避免重蹈风电发展的覆辙。

（一）在条件成熟地区适度规模优先发展

鉴于国内天然气资源远不如煤炭资源丰富，其储运投资较大，使用价格相对较高，其经济效益指标尚不能达到市场化商业运行的要求，政府补贴是天然气分布式能源赖以生存的重要支撑，因此，天然气分布式能源站建设使用优先选取在燃气供应稳定、财政实力较强、环保要求较高的经济发达地区，以及天然气价格相对较低的气源地。同时，认真执行《天然气利用政策》规定，陕、蒙、晋、皖等十三个大型煤炭基地所在地区禁止建设基荷燃气发电项目（煤层气或煤矿瓦斯发电项目除外）。此外，天然气分布式能源发展规模要与天然气供应能力相匹配，要与电网的承受能力相匹配，不宜背离冷热电三联供的基本原则一哄而上，盲目发展远离负荷中心、以售电为主要目的的超大容量电站，防止因"气荒"和高价气等原因导致的设备过剩、闲置。

（二）高度重视项目前期筹划设计

天然气分布式能源是一项较为复杂的综合性系统工程，与传统的电站相比，需要考虑的因素和涉及的管理部门更多，前期协调和优化设计的工作量和工作难度较大。一是由于需求量直接决定设备选型和建造成本，因此对用户的冷、热、电需求量要有较为准确的了解，确定需求量基准值及其变动幅度；二是根据用户需求合理确定经济运行额定功率和全年运行时间，确定运行调度方案，确保在最佳状态下运行，协调好内部供能与外部供能的关系；三是协调落实气源供应、原有电力、冷暖管网设备的使用、当地政府的财政补贴政策和优惠政策，精细测算项目运行收益；四是根据项目场地和用户需求，优化设备选型，合理布局管线，降低运行噪声，评估总体集成设计，控制建设和运行成本。

（三）进一步提高国产核心设备市场化水平

通过增加研发资金投入、开展企业间合作、自主研发和引进吸收先进技术等举措，加大国产燃气轮机和蓄热、燃烧等技术的研发力度。积极争取首批首台（套）天然气分布式能源核心设备示范项目和专项资金支持，推进建立天然气分布式能源国产燃机设备可持续推广应用扶持机制，加快实现核心设备国产化、市场化，降低项目投资成本。

（四）加强业务合作，争取政策支持

加强国内各企业间天然气分布式能源的业务合作、资源共享。一是鼓励天然气生产、管理企业积极参股分布式能源建设，使供气和发电企业形成气电联营模式，提高竞争力。二是协商电网企业参与分布式能源项目的投资、建设和运营，实现智能电网与分布式能源全局能效和经济效益的最大化。三是环保理念倡导与经济补贴相结合，细化建设投资补贴与日常运行补贴标准，防止建而不用，提高一次清洁能源利用率和利用效益。

海洋油气开发装备制造业对标分析[*]

在我国提出建设"海洋强国"国家战略下，随着"21世纪海上丝绸之路"建设的日渐深入，我国对海洋工程装备的需求量将不断增加，海洋工程装备特别是海洋油气开发装备制造业务出现快速增长。

一、我国海洋油气开发装备产业发展概况

海洋工程装备（以下简称海工装备）是指人类开发、利用和保护海洋活动中使用的各类装备的总称，是海洋经济发展的前提和基础。海洋油气开发装备（以下简称海油装备）作为海工装备的重要部分，是发展海洋经济的先导性产业，对于保障国家能源安全具有重要意义。根据在海洋油气开发过程中的功能和承担的主要任务分为：勘探与钻井装备、生产与加工装备、海洋油气储存与运输装备、海上作业与辅助装备和水下生产及作业装备等五

---

*部分内容曾发表于《国有资产管理》，2015年第5期。

类。总体来说，海油装备业务具有高技术、高资金投入、高产出和高附加值、高集中度和高风险以及多品种、小批量等特点。

21 世纪以来，我国海工产业抓住市场机遇，产业规模持续扩大，产业布局、产品结构不断完善，产业发展能力不断增强。2010 年以来，我国海工产业经历了快速发展，政府密集出台有关海工方面政策文件，其中《中国海洋工程装备制造业中长期发展规划》提出 2015 年中国海工产值 2000 亿元、占世界 20％，2020 年 4000 亿元（约 650 亿美元）、占世界 35％的宏伟目标，为国内海工装备特别是海油装备的快速发展，增强装备产业的创新能力和国际竞争力指明了方向。

二、与国外同行业先进企业对标及存在问题

（一）与国外同行业先进企业对标分析

据了解，2013 年我国在自升式钻井平台的承接上实现了历史性突破，新承接订单占全球总量的一半以上；海工船舶的全球市场份额达到 30％左右，位居世界首位。2014 年上半年，我国海油装备接单金额占全球市场份额的 32％，首次超过韩国跃居世界第一。但与韩国、新加坡等国外同行业先进企业对标，我国海油装备业务仍存在以下差距。

1. 产业集中度低，单个企业的规模和订单金额不及韩国和新加坡先进企业

据了解，国内建造海工船企业近百家，已获各类海工装备订

单的企业也有十多家。与韩国三家企业和新加坡五六家企业相比，产业集中度低。就规模而言，2013年底，新加坡吉宝海事在世界各地共有20个船厂，船坞总吨位410万载重吨，占地面积630万平方米，码头泊位长度20200米，经营资源全球第一。此外，2013年三星重工海洋工程接单89.11亿美元，大宇造船海洋81亿美元，现代重工65.03亿美元。国内几乎没有一家海油装备制造企业的规模和订单金额能够与新加坡、韩国先进企业相抗衡。

2. 虽占有一定的市场份额，但类型单一和单价偏低，订单技术含量不及韩国和新加坡先进企业

我国海油装备制造企业的产品类型不断扩大，主要产品包括自升式钻井平台、半潜式钻井平台、钻井船、FPSO和辅助船舶。但与韩国船厂相比，产品谱系还有待进一步完善，浮式液化天然气装置（FLNG）、固定平台、张力腿平台（TLP）、浮式储存再气化船（FSRU）等产品尚未取得突破。据HIS－ODS显示，截至2013年12月，全球在建钻井类平台订单约232个，总计约880亿美元，其中韩国三大船企约380亿美元，垄断钻井船六成以上市场，同时还支配FPSO/FLNG建造市场。新加坡合计约180亿美元，主要是自升式、半潜式和钻井船，并开始涉足钻井船建造，占全球市场份额的三成以上。韩国、新加坡企业在手订单饱满，工期已排到2019年，而我国约有200亿美元订单，虽占全球市场份额的三成，但订单大多为自升式钻井平台和辅助船，工期基本排到2016年。2013年全球自升式钻井平台的单价约2亿美元，而我国企

业平均单价只有 1.3 亿至 1.8 亿美元（折合人民币 8 亿至 11 亿元），低于世界平均水平，更远低于韩国（平均单价为 6.10 亿美元）。

3. 虽有自主研发产品，但与韩国、新加坡先进企业相比还存在明显差距

以我国第一艘第六代 3000 米深水半潜式钻井平台"海洋石油981"的建造任务为例，总造价近 60 亿元，耗时 6 年之久，基本设计出自美国 F&G 公司，随后国内有关企业和研究所在原有设计上进行升级改造，国内上百家承包商参与平台的设计建造，但至少占 2/3 的钻井设备包、主机、推进器等关键设备都来自进口。此外，因国内企业海洋油气开发装备的自主设计能力不强，很难在前期项目运作阶段进行预先研究，参与项目前期论证工作，因此无法控制成本和建造周期，提升盈利能力。相比之下，韩国三星重工已拥有钻井船等自主设计品牌，以及生产平台的详细设计能力；新加坡所接获订单的 76% 左右都采用自主设计，拥有完全的自主知识产权。

（二）存在的主要问题和风险

我国目前海油装备正处于从低端产品建造向高端产品建造进军过程，与韩国、新加坡先进企业相比，结合我国海油装备制造企业实际情况，以下问题和风险值得关注。

1. 产品结构性过剩风险

在国内造船业产能过剩和海油装备业较高盈利的驱动下，大

量船舶企业纷纷转型海油装备业务，目前环渤海、长三角、珠三角等地区还在扩充海油装备产能，这对国内海油装备制造业的发展将造成严重的打击，对已经在海油装备产业取得业绩的企业也将带来较大负面影响。目前国内已获各类海工装备订单的企业有十多家，且产品类型主要集中于中低端技术的海工船和自升式钻井平台，因此，从事海工业务的企业数量较多和产品低端同质所形成的重复建设，在有限的市场容量之下，产品结构性过剩的苗头已经有所显现。

2. 无租约的投机性订单和巨额垫资导致企业高风险运营

随着海油装备市场繁荣，大量无行业经验的投机船东和新兴船东进入这一市场。这类船东的付款条件往往较差，而国内企业对客户的信用评级不到位，盲目追求订单，导致一些自身信用差的企业成为客户，后续交付时如果市场需求出现变化，将面临很大的拖欠账款、调低订单价格或弃船风险。据有关数据，截至2013年12月底，全球在建或已签的自升式平台带合同（租约）建造率仅10%，存在较多投机租约。为抢夺订单，国内建造企业之间竞相压价、不惜为船东提供低价格、低首付和优惠融资条件，目前承接订单首付款比例较低，有的甚至仅5%—10%，而90%—95%高比例合同尾款需要建造企业自己融资。当前全球经济形势较差，资金紧缺，付款条件恶化，融资困难，对企业造成巨大的资金压力和风险，将影响企业正常生产运营。

三、有关建议

（一）加强行业引导和协调，扶持优质骨干企业

按照 2014 年制订的《海洋工程装备工程实施方案》有关要求，尽早确定《海洋工程装备制造业中长期发展规划》提出的"重点培育五个或六个具有较强国际竞争力的总承包商"，并从国家层面予以重点分类支持。建议国家有关部门和地方政府在引导造船产能向海工装备制造领域转移的同时，要做好统筹规划，并制定好行业标准，推进产业联盟建设，防止海工产业重蹈造船业产能过剩覆辙。同时综合评估从事海油装备业务企业的技术能力、接单能力、交付能力和管理水平，选择性地给予财政支持。此外，支持优势企业的整合重组和对弱势企业的市场化兼并；引导中小企业围绕和依托骨干企业合理定位产品，避免低价同质竞争，做大做强海工配套产业。

（二）加大自主研发力度，支持装备本土化制造和使用

加大科研经费投入，建立多渠道投入机制，支持海油装备的自主研发和创新；引导"产、学、研、用"相结合，围绕产业技术创新链开展创新，推动实现重大技术突破和科技成果产业化；鼓励总装建造企业建立业务分包体系，培育合格的分包商和设备供应商，推动"专、精、特、新"型中小企业发展。建立首台（套）产品的保险制度，加快关键配套设备、系统的自主化、产业

化步伐。借鉴国外"本地制造"政策和设备"国产化率"规定和做法，从政策层面支持国内用户采购和使用国产海油装备。

（三）企业应重视战略规划，加强成本管理，进一步提高国际竞争力

目前面对同一外部环境，国内企业从事海油装备业务有的盈利，有的却亏损，究其原因还在于企业自身。作为我国海油装备的市场主体，应苦练内功，根据国家产业政策，提前做好企业战略规划，在精细方面下功夫，注重质量，强化品牌，加强成本管理，严格控制风险。既要为我国海洋油气资源开发提供高质量的装备，加快海上勘探生产的进程，也要为我国"海洋强国"和争取更多国际海工市场话语权做出更多更大的贡献。

国有企业决策管理[*]

    国有企业改革 20 多年来，企业决策的科学化、民主化取得了很大进展，情绪化决策、经验化决策大量减少，"一个人说了算"的决策体制被集体决策所取代。但从国家审计署 2004 年度审计报告所披露的情况来看，国有企业领导人"拍拍脑门"就决策的现象并未完全杜绝，由此造成的损失还相当严重。据悉，有 10 家中央企业原领导人员因决策失误造成的损失高达 145 亿元！决策当然要有主见，但有主见不等于自负和刚愎自用，不等于情绪化决策、经验化决策。"拍拍脑门"就决策要不得！

    那么，是什么原因导致企业领导人"拍拍脑门"就决策呢？

    决策体制不健全。有的国有企业尚未建立现代企业制度，未形成专门的决策机构。据不完全统计，目前已建立董事会的中央企业仅有 30 家。即使建立公司法人治理结构的企业其决策体制也未能有效运转，董事会与经营班子职能交叉重叠现象还比较普遍。

---

*部分内容曾发表于《中国经济时报》，2005 年 08 月 11 日。

在决策体制不健全的情况下，科学决策、民主决策的机制也就很难形成，企业领导人不按决策程序办事的情况也就容易产生。比如，对投资项目缺乏科学、严谨的可行性论证和投资风险评估，尤其是在事关改革发展稳定的重大问题上，集体领导、民主决策不够。例如，有位企业领导人，在未经集体讨论的情况下，就擅自决定将 300 万元作为投标的保证金支付给一个中介公司，结果上当受骗。

决策过程缺少监督或监督不力。国有企业建立现代企业制度的目的就是要形成决策、管理和监督有效制衡的公司法人治理结构。但实践表明，建立起董事会、经营班子和监事会三个机构并不意味着自动形成有效制衡的机制，在我国的企业文化背景下，正如有的企业职工描述的那样，"上级监督太远，同级监督太软，下级监督太难，司法监督太晚"。至于那些尚未建立公司法人治理结构的企业就更是如此。另外，有的企业党委会不健全，定位模糊，党委会参与决策、保证监督的作用也未能有效发挥。

缺乏决策失误责任追究机制。私人投资者在决策时往往先考虑风险，因为一旦失误往往使其倾家荡产；而国有企业决策者由于并不是真正的所有者，如果决策失误而无须承担责任，那么他就会产生"投资饥渴症""拍拍脑门"决策的可能性就会增加。从近年来对各种决策失误责任追究的情况来看，对企业领导人决策失误追究的力度较小，甚至责任追究机制还未建立。如某公司综合业务部总经理，独自负责操作 50 笔左右的代理进出口业务，截至 2003 年末，共有 5700 余万元下落不明，而公司竟然一直未对其进行实质性查处。

可见，国有企业在决策管理方面还存在着许多薄弱环节，正是这些薄弱环节为企业领导人"拍拍脑门"就决策提供了生存土壤。所以，要杜绝"拍拍脑门"就决策的现象，就必须铲除其生存土壤。

建立科学合理的决策体制。应加快推进现代企业制度建设，建立和完善公司法人治理结构，明晰企业内部决策职能。要严格执行决策程序，按照程序要求对投资项目进行可行性分析和风险评估。要建立科学、民主的决策机制，重大事项必须进行集体决策、民主决策，保证决策层"投票权"的权威性和平等性。此外，从相关者利益角度考虑，国有企业决策时还应广泛听取工会、职代会的意见，并充分发挥党委会参与决策的作用，等等。

加强对决策过程的监督。在建立现代企业制度过程中，应根据我国企业文化的特点适当提升企业内部监事会的地位，完善其职权，保证其充分行使监督职责。在实行外派监事会的国有大型企业中，要积极探索实时监督的有效办法，从事后监督过渡到全方位、全过程监督。要适应现代企业制度的要求，改进党组织发挥政治核心作用的方式，进一步加强和完善党组织参与重大问题决策的工作制度和议事规则。

严格执行决策失误责任追究制度。十六届四中全会提出要"建立决策失误责任追究制度，健全纠错改正机制"。国务院国资委出台《重大决策责任追究制度》，因决策失误造成重大损失的国企领导人将可能遭到解聘处罚。2005 年初，中房集团公司岳阳房地产开发公司总经理方祖保和该公司副总经理张宇浩因为投资决策失误导致企业出现 500 万元巨额损失，被湖南省岳阳市有关方面正式撤职，留党察看。两人也由此成为国内首例被公开披露、因重大决策失误而遭遇问责追究的地方国企官员。当权力与责任挂起钩来，违规必究，企业领导人决策就不敢轻易"拍脑门"了。

国有企业合同管理[*]

随着我国进一步扩大对外开放和积极实施"走出去"战略，国有企业要在激烈的国内外市场竞争中依法经营决策，加强企业内部管理和防范企业经营中的法律风险问题就更加突出地显现出来。企业管理主要是围绕产、供、销三个环节，而这三个环节都是由合同来连接的。合同作为企业从事经济活动、取得经济效益的桥梁和纽带，同时也是产生法律风险的根源。如果合同管理混乱，势必直接影响企业的经济效益。国有企业合同管理问题主要表现在如下三个方面。

一是法律风险防范意识淡薄，合同法律意识差。据统计，2003—2004 年年底，中央企业报请国务院国资委协调的法律纠纷案件达 146 起，涉及中央企业 131 家，直接涉案金额 199 亿元，间接涉案金额已超过 450 亿元。探其究竟，企业合同管理把关不严是导致重大法律纠纷产生的一个重要原因。有的国有

---

*部分内容曾发表于《中国经济时报》，2015 年 9 月 3 日。

企业的法定代表人或相关负责人，不熟悉法律的相关规定，没有把合同管理纳入经营管理之中，或者在一些重大投资决策、重大经营活动等方面的决策过程中法律风险意识不够，甚至对法律人员提出的警示置若罔闻，因而难以避免经济损失的发生。例如，某企业与某外商采用 BOT 形式合作开发某项目，投资总额近 10 亿美元，谈判过程中外商提出由总公司开具 6 亿美元可转让的银行保函要求。企业管理层因急于拿下此项目，对该企业法律顾问出具的"开具保函的风险巨大不可控"的法律意见未予采纳，结果，使企业蒙受了巨额经济损失。

二是合同管理漏洞多，合同把关不严。有的国有企业在合同管理方面缺乏必要的管理制度，签约随意性较大，对合同审查、把关不够，权限设置混乱，合同档案管理不善等。同时，从事企业法律事务的专门机构和人员配备方面仍很欠缺。据了解，我国企业法律顾问制度建设与国外特别是欧、美等国家相比还存在较大的差距。截至 2004 年年底，在 178 家中央企业中，大多数企业法律顾问专业人才相对短缺，还有 41% 的企业未设立法律事务机构，有的中央企业连一名专职的法律顾问都没有。

三是合同监控管理不完善、不规范。一些国有企业虽建立了相应的合同管理机构或相应的法律顾问制度，但由于和各业务职能部门协调或深入监控的程度不够，不能了解企业各类合同的履行情况，不能及时发现影响履行的原因，以致不能随时向各部门反馈，排除阻碍，防止违约的发生，而使好的制度不能取得好的结果。另外，合同结算是合同履行的主要环节和内容，企业法律部门应同财务部门密切配合，把好合同的结算关，这既是对合同签订的审查，也是对合同履行的监督。

西方谚语说得好："财富的一半来自合同"，以上问题的存在，在一定程度上干扰了企业正常的生产经营活动，导致了国有资产的流失，影响了企业经济效益的实现。抓好国有企业的合同管理，一半的财富就有了保障。

首先，以合同管理为重点，强化法律风险防范意识。国有企业应具有强烈的法律风险意识，但法律风险事前是可防可控的，要抓紧强化防范工作。以合同管理作为企业防范内部法律风险的重点和突破口，利用"合同管理"防范和控制法律风险，有效地化解企业经营风险、规范并净化企业的生产经营环境。

其次，建章立制，把好合同审查关。要使合同管理规范化、科学化、法律化，首先要从完善制度入手，制定切实可行的合同管理制度，使管理工作有章可循。企业法律事务部门应根据国家有关法律法规，结合本单位的实际情况，制定合同归口管理制度、合同授权委托制度、合同审查制度、合同会签和审批制度、合同专用章管理制度、合同监督检查制度、合同纠纷调处制度、合同归档制度等一整套以事前防范、事中控制为主，事后补救为辅的合同管理制度。此外，应加强合同管理人员的培训教育。

再次，搭建合同管理。目前一些企业集团已将合同管理系统软件广泛应用于合同管理工作中，该软件提供了格式文本，设置了清晰的合同审批流程，明确了合同审批过程的责任，落实了法律部门对合同的主管权限，使法律程序成为合同签订的必经程序和结束程序，守住了开始和结束这两个最为重要的责任关口，杜绝了许多可能产生的法律风险。实践证明，合同管理系统的应用在规范合同管理制度和降低法律风险方面起到了显著的积极作用。

不同行业中央企业的地位和作用分析*

一、中央企业的市场地位和作用分析

（一）部分关系国家安全和国民经济命脉的重要行业和关键领域中央企业的市场地位和作用

"十二五"期间，按照《中央企业"十二五"发展规划纲要》要求，第一类中央企业主要提供重要公共产品和基础服务，发挥主导作用，实现国家长远战略目标。下面重点对第一类中央企业中的交通运输、通信、电力、石油石化和煤炭等行业在国内的市场地位和作用展开分析。

1. 中央交通运输企业作为市场领导者，在国内航空和水运市场占主导地位

交通运输业作为国民经济的基础产业，对我国国民经济发展

---

*部分内容摘自 2011 年课题"中央企业分行业运行特征研究"。

具有较强的带动作用，下面分别从中央航空企业和水运企业进行分析。

中央航空企业运输总周转量占全国总周转量的 77%；飞行小时数占国内全部航空公司飞行小时数的 3/4。2002 年国务院出台《民航体制改革方案》，推进航空业整合以来，中央三大航空公司——中航集团、东航集团和南航集团发展成为市场领导者。2010 年是中国民航业有史以来业绩最好的一年，运输总周转量、货邮周转量首次突破 500 亿吨千米和 500 万吨大关，迈上一个新的台阶。三家中央航空企业抓住国内外经济复苏与好转机遇，充分利用上海世博会、广州亚运会带来的商机，进一步完善枢纽网络，强化资源整合，深化成本控制，收入效益创历史新高。"十二五"期间，中央航空企业按照《中央企业"十二五"发展规划纲要》要求，加快培育安全水平高、网络规模大、运行效率高、质量服务优的国际一流航空运输企业，为国民经济建设和对外交流提供服务保障。积极开拓国际市场，保持国内、国际并举的均衡网络布局。

中央水运企业货运周转量占全国水上运输货运周转量的八成以上。我国的原油运输 95% 以上靠水运，铁矿石的 99% 运输渠道靠水运，水路交通运输在国民经济中的地位越来越重要。随着我国对外贸易的增长和内河交通的不断发展，水运已经成为一个集公路、铁路、航空等主要运输方式之后国家大力开展的物流渠道。由于水上运输业具有前期投资大、回报时间长和公共物品等特点，决定了国有资本在行业中的主导地位。目前，从事水上运输的中远集团、中国海运和中国外运长航三家中央企业，已成为行业领袖型企业，其中中远集团实力最为强大，拥有我国水运业总运力的 55%。

2010 年运力需求逐步释放，运输价格缓慢回升，三家中央水运企业在全球经济和国际贸易市场回暖带动下，水上运输业务规模稳步扩大，营业收入与经济效益快速增长。"十二五"期间，中央水运企业按照《中央企业"十二五"发展规划纲要》要求，在能源和原材料水上运输、国际集装箱运输、沿海及沿江运输等方面发挥基础保障作用。积极参与国际海运事务，提升我国水运业的国际影响力和在国际海运事务中的话语权。

2. 中央通信企业形成"三分天下"的市场格局

我国通信运营业经过多次改革，最终形成了中国电信、中国移动、中国联通三家基础运营商"三分天下"的市场格局。随着 3G 牌照的发放和全业务运营的开始，2010 年我国通信运营业在微观结构方面，已经出现了积极的变化，虽然中国移动一家独大的局面仍难以撼动，但在新增市场上中国电信和中国联通已经攫取了较大的份额，尤其是 3G 市场上中国电信和中国联通已经可以同中国移动进行抗衡。

一是总体市场份额变化不大，中国移动市场份额稳中略降。二是固话市场上中国电信和中国联通用户份额均出现下降趋势，中国联通降幅更为明显。2010 年，我国固定电话市场不但总体的市场规模下降，而且两大运营商的市场份额也均出现下降。三是固网宽带用户市场份额相对稳定，中国电信在新增市场发力。中国电信在固网宽带的存量和新增市场上均领先于中国联通。四是中国联通和中国电信3G竞争力较强，中国移动在移动市场独大局面缓解。"十二五"期间，中央通信企业按照《中央企业"十二五"发展规划纲要》要求，抓住新一代信息技术等国家战略性新兴产业的发展机遇，加快从传统电信运营商向综合信息服务提供商转型，大力提高非话音业务收入比重，创建国际一流综合信息服务企业。实施"走出去"战略，从业务服务、网络、资本等多方面拓展国际通信市场。

3. 中央电力企业市场集中度较高，在全国电力市场占绝对主导地位

电力行业是关系国民经济命脉的重要产业，主要由国有经济控制，但经过2002年电力体制改革和2006年的深化改革，形成了中央企业的七大发电公司和两大电网公司。

一是中央发电企业发电量占全国的六成半，呈多元化竞争格局。2010年，发电企业继续呈现多元化的市场竞争格局。从电力生产企业（电厂）角度看，全国有6000千瓦级以上各类发电厂4600家左右，从电力集团来看，随着"上大压小"的实施和竞争的加剧，发电环节集中度越来越大。中国华能、中国大唐、中国国电、中国华电、中电投集团等五家电力公司竞争力越来越强。此外，中国三峡集团是全国拥有水电装机最多的企业；中核集团、

中广核集团拥有全国的核电装机。

二是中央输电企业占全国电网售电量的96%。输电环节具有自然垄断性质，全国电网主要由中央企业经营。按照规模划分，国家电网公司为跨区域超大型输电企业，业务范围覆盖26个省（自治区、直辖市），主要负责三峡电力输送以及部分跨区电力输送，是世界上规模最大的输电企业；中国南方电网有限责任公司为跨省的区域性输电企业，业务范围覆盖五个省（自治区）；内蒙古电力公司是地方国有输电公司，主要负责内蒙古西部地域输电业务。"十二五"期间，中央电网企业按照《中央企业"十二五"发展规划纲要》要求，要充分发挥电网在现代能源产业和综合运输体系中的作用，基本建成以特高压电网为骨干架、各级电网协调发展的坚强智能电网，提高大规模跨区输电能力和新能源发电并网能力。发电企业要向建设综合性能源公司方向发展。优化电源结构和布局，发展大型电源基地，非化石能源发电装机比重稳步提高。加大煤炭资源的控制和开发力度，稳步推进煤电一体化发展。

4. 三家中央石油石化企业市场集中度很高，基本占据国内原油和炼油市场

石油和天然气开采业的特殊性决定了该行业的进入门槛较高。目前市场集中度很高，逐步形成了中国石油、中国石化和中国海油三足鼎立的竞争格局。三家中央石油石化企业加强生产经营管理，大力发展油气勘探生产，积极开拓国际市场，努力保障国内成品油市场供应，生产经营稳步发展。"十二五"期间，中央石油石化企业按照《中央企业"十二五"发展规划纲要》要求，以保障国内能源供应安全、稳定石油石化产品市场为目标，加快石化产业结构调整和产业升级，实现上中下游一体化协调发展，打造国际化能源化工公司。改善产品结构，加快推动车用燃油低硫化进程。推进油气战略通道和国内管网建设，完善原油、成品油储运网络，加快现代物流体系建设，继续承担国家储备库建设，扩大油气商业储备。

5. 中央煤炭企业有待进一步提高煤炭生产在全国所占比重和市场地位

目前，我国能源工业已经形成了以煤炭为主、多能互补的能源生产体系。我国煤炭消费占世界煤炭消费量的27％，是全世界少有的以煤炭为主的能源消费大国。煤炭是我国最安全、最经济、最可靠的能源。我国煤炭行业经过兼并重组，行业集中度有了进一步提高。据统计，2010年，全国前50强煤炭企业总产量占全国产量的比重为60.2％，产业集中度比上年度提高了2.73个百分点。在2010年度50强煤炭企业名单中，特大型煤炭企业的产业集中度比上年提高了9.98个百分点，涨幅达32.1％。据我国煤炭工业协会快报统计，2010年，全国排名前十位的煤炭企业生产原煤11.56亿吨，占全国原煤产量的35.7％，比上年提高4.4个百分点。"十二五"期间，中央煤炭企业按照《中央企业"十二五"发展规划纲要》要求，要提高对煤炭资源的掌控能力，提高煤炭生产在全国所占比重。落实国家关于煤炭资源整合的相关政策，建设大型煤炭基地、煤电基地，推进煤电运一体化，推动煤化工产业和煤炭生产升级，提高煤层气的回收利用，加快淘汰落后产能。加大矿区生态环境保护，资源回收率、土地复垦率、节能降耗、粉煤灰综合利用等指标居行业领先水平。

（二）部分基础性、支柱性产业及高技术产业领域中央企业的市场地位和作用

第二类中央企业是直接参与国际竞争的主导产业，是加速我国工业化进程的重要推动力量。按照《中央企业"十二五"发展规划纲要》要求，带动行业技术进步，在产业培育与发展方面发挥示范、导向作用。下面重点对第二类中央企业中的冶金、机械、化学等行业在国内的市场地位和作用展开分析。

1. 中央冶金企业通过重组，提升了产业集中度

中央钢铁企业通过联合重组，产业集中度有较大提高，钢材产量约占全国钢材产量的 16%。钢铁行业属于技术密集和资金密集的材料工业，具有投资大、建设周期长、见效慢的特点，主要产品有粗钢、生铁、钢材、焦炭、铁矿石等，是国民经济重要的基础原材料产业，与发达国家相比，我国钢铁行业集中度依然过低，企业数量多、规模小、布局分散的局面仍未得到根本改变。2010 年 8 月 28 日国务院印发《关于促进企业兼并重组的意见》，钢铁业作为产能调整重点推进行业而获得重大利好，兼并重组加快，对我国钢铁行业产业集中度的提升起到了重要作用。"十二

五"期间，中央钢铁企业按照《中央企业"十二五"发展规划纲要》要求，要加快从钢铁产品制造商向钢铁材料服务商转型，发展钢铁生产服务业和钢材深加工产业。推进国际化经营，鼓励企业在境外投资建厂。

中央有色企业通过重组提升产业集中度。有色金属工业是国民经济重要的以开发矿产资源为主的传统原材料工业，有色金属产品种类多、应用领域广、关联度大，在经济社会发展中发挥着重要作用。2002年，我国10种常用有色金属产量超过了1000万吨，一跃成为世界第一大有色金属生产国，同时，我国也是世界第一大有色金属消费国。根据《有色金属产业调整和振兴规划》提出的"形成3—5个具有较强实力的综合性企业集团"的目标，2009年以来，我国有色金属行业企业兼并和重组势头明显加快，国内龙头企业间并购的规模和频率较往年明显增多。其中，中国五矿集团通过重组湖南有色金属控股公司，不仅成为全球最具影响力的钨、锑等稀有金属产业龙头企业，而且也成为全球实力雄厚的铅锌企业之一；中国有色矿业集团重组了国内主要铜加工企业之一的山东奥博特公司，为企业构筑有色金属矿山、冶炼、加工完整产业链奠定了基础；中国铝业公司在不断的兼并重组中，经营规模和范围也不断扩大。

2. 中央机械企业产业集中度总体仍然较低，汽车产销量占全国汽车产销量的四成左右

2010年，我国机械行业发展迅猛，各类规模企业协调发展。除

发电设备制造、工程机械和汽车等个别子行业外，机械行业产业集中度总体仍然较低，并呈现持续降低趋势。12家中央机械设备制造企业在国家产业结构调整政策推动下，积极开拓市场，强化内部管理，加快产品更新周期，整体收入效益实现双快增长，但行业内部发展不均衡。其中：汽车和轨道交通装备制造行业市场需求继续保持快速增长，企业经济效益创历史新高，但重型装备和输变电设备订单大幅下降，产品价格持续下滑，导致企业经济效益明显下降。"十二五"期间，中央机械企业按照《中央企业"十二五"发展规划纲要》要求，推进联合重组，加快形成一批具有系统设计集成、整体解决方案能力的装备制造集团。

中央企业汽车产销量均占全国汽车产销量的四成以上。机械行业中汽车子行业产业集中度较高。2010年受汽车补贴政策、以旧换新、节能惠农产品补贴等多种鼓励汽车消费政策叠加效应的影响，国内汽车产销继续旺盛增长。"十二五"期间，中央汽车企业按照《中央企业"十二五"发展规划纲要》要求，以打造自主品牌为重点，加强产品研发与制造体系建设。积极参与汽车产业调整重组，进一步发挥中央汽车企业在产业链和产业集群中的核心作用，带动其他企业共同发展。

三大电气集团生产发电设备占全国发电设备总产量的近七成。机械行业中发电设备制造子行业产业集中程度较高。2010年，发电设备制造行业中哈电集团、东方电气集团、上海三大电气集团共生产发电设备其产能达8422.72万千瓦时，占全国发电设备总产量的 68.7%；风电设备行业中华锐、金风、东汽三大企业风电机组产量达到 1299.2 万千瓦时，占全国风电设备总产量的 78.9%；[①] 工程机械行业中徐工、中联重科、三一重工三家企业销售额均超过 500 亿元，加上柳工、龙工、山推等企业，前十家企业销售额占全国一半左右；农机行业中中国一拖、福田雷沃和东风农机三大企业市场占有率共计达到 56.3%。

3. 中央化学企业产品同质性强，竞争力不足

化学行业涉及的子行业较多，各子行业区域分布和产能分布均相对分散，产品同质性较强，企业间竞争激烈，市场环境相对混乱。一方面由于化学行业对经济增长和地方财政收入的拉动作用较为显著，地方政府（特别是有一定资源优势的地方）规划和建设化工项目的热情较高，重复建设较为严重，尤其是基础化学原料、氮肥等传统煤化工领域产能普遍过剩；另一方面，由于很多行业缺乏政策标准，没有严格的准入条件限制，市场竞争环境较为恶劣，企业数量过多且中小企业占多数，产品质量参差不齐；同时，由于大部分企业没有研发创新的激励和实力，产品严重同质化，宣传战、价格战、关系战等现象较为普遍。"十二五"期间，中央化学企业按照《中央企业"十二五"发展规划纲要》要求，围绕"老化工，新材料"的战略定位，重点发展有机硅、有机氟、高技术纤维、工程塑料、其他新材料等高附加值的高端产品。

------

①数据来自机械行业发电设备中心。

（三）部分其他行业和领域中央企业的市场地位和作用

按照《中央企业"十二五"发展规划纲要》，中央企业要作为行业排头兵企业，发挥引领作用，影响行业自律、行业行为规范和标准，维护市场秩序。下面重点对房地产、建材、商贸和旅游等行业在国内的市场地位和作用展开分析。

1. 收缩整顿后，中央房地产企业占全国的比重逐渐下降

目前我国与房地产业相关联的产业多达 50 个，房地产业对我国整体经济增长有着至关重要的作用。随着房地产行业的日趋成熟，加上 2010 年宏观调控政策的压力，促进了中国房地产企业的优胜劣汰，行业集中度进一步提高。2009 年众多中央企业凭借巨大的资金优势，频频成为"地王"。为了遏制这一趋势，2010 年 3 月，国资委明确指出，要求除 16 家以房地产为主业的中央企业外，另外 78 家不以房地产为主业的中央企业在完成企业自有土地开发和已实施项目等阶段性工作后，要退出房地产业务。"十二五"期间，中央房地产企业按照《中央企业"十二五"发展规划纲要》，要着力提高发展质量，加强品牌建设，培育发展行业排头兵企业，增强中央企业在房地产行业中的影响力。

2. 中央建材企业在国内的市场份额较低

"十一五"时期，我国建材工业产业集中度有了很大提高。一些大型企业集团不仅生产规模大，管理水平先进，而且集团内部实行专业化分工，资源能源利用效率高，是促进建材工业产业结

构优化的主体。2010 年 60 家年生产能力在 500 万吨以上的水泥企业集团熟料产量已经占全国总产量的半数以上；建筑技术玻璃行业大型企业集团工业总产值占比达 44％；建筑卫生陶瓷行业大中型企业生产量占比为 55％—56％。水泥、平板玻璃和玻璃纤维纱等主要产业结构继续改善，行业集中度明显提高。建材行业已被国家列入十大并购重组行业，国家支持建材企业兼并重组、做大做强，鼓励优势企业兼并重组困难企业，推进企业组织结构调整，提高产业集中度。

"十二五"期间，中央建材企业按照《中央企业"十二五"发展规划纲要》，要发挥研发、设计、装备制造和工程承包优势，带动建材行业持续健康发展。大力发展节能、环保、安全的新型建材和非金属新材料，实现产业化。提高工程技术的国际服务能力，提升国际化经营水平。

3. 中央商贸企业进出口额增长较快

2010 年，中央商贸企业抓住市场回暖、大宗商品交易量价齐升的有利时机，加快科工贸一体化转型和产业结构调整，经营实力和经济效益实现双快增长。"十二五"期间，中央商贸企业按照《中央企业"十二五"发展规划纲要》，要加快推进实业化转型，依托市场营销和企业品牌优势，聚集化工、粮油、金属、矿产、技术贸易、生活必需品销售和直接涉及农业发展的种子、化肥、农药流通等重点领域，着力向资源开发、关键生产制造环节、产品设计、销售渠道等方向进行产业链延伸，扩大营销网络覆盖面、扩大经营规模，提高研发、信息、物流、融资、会展经济等综合支撑能力。

4. 中央旅游企业市场集中度偏低，国际竞争力不足

随着我国全面建设小康社会的不断推进，国家扩大内需及加快推动服务业发展的经济方略，将为旅游业进一步发展创造新的机遇。目前我国大多数的旅游企业规模偏小，企业的生产经营能力有限，市场集中度低，中央旅游企业的品牌力不足，尤其在境外消费者中缺乏足够的影响力，虽然港中旅集团公司在《2010 年度中国旅游集团营业额二十强排名》中名列前茅，但难以参与激烈的国际竞争。在"十二五"期间，按照《中央企业"十二五"发展规划纲要》，旅游等领域的中央企业，在繁荣市场、提高社会服务水平、为国家重大决策提供咨询服务等特定领域发挥独特功能和作用。

二、中央企业在战略性新兴产业的地位和作用

加快培育和发展战略性新兴产业①是党中央、国务院在新形势下做出的一项重大战略决策。战略性新兴产业代表着未来产业的发展方向，也代表着技术的创新方向，成为世界各国应对金融危机、抢占新一轮产业发展制高点、实现经济社会可持续发展的共

————————————

① 战略性新兴产业是指以重大技术突破和重大发展需求为基础，对经济社会全局和长远发展具有重大引领带动作用，知识技术密集、物质资源消耗少、成长潜力大、综合效益好的产业。

同选择。[①]《中华人民共和国国民经济和社会发展第十二个五年规划纲要》中明确指出："以重大技术突破和重大发展需求为基础，促进新兴科技与新兴产业深度融合，在继续做大做强高技术产业基础上，把战略性新兴产业培育发展成为先导性、支柱性产业"。中央企业是我国国民经济的重要支柱和科技创新的骨干力量，在转变经济发展方式、建设创新型国家的进程中具有重要地位和作用，有责任、有义务成为发展战略性新兴产业的主导力量。据了解，目前中央企业中已有半数以上企业布局节能环保、新材料、新能源、高端装备制造、生物医药等新兴产业，并且在节能建材、核能建设等细分领域取得了一定突破，产业范围基本涵盖了七大战略性新兴产业。

（一）在发展新能源方面，中央企业积极发展风电、太阳能、核电等清洁能源

目前，已有 14 家中央企业及其控股企业有能力生产可以并网发电的风力发电机组整机，如东方电气、金风科技等。中国国电所属龙源电力在全国已经形成六大风电基地战略布局，总装机 450 万千瓦，发电 62.1 亿千瓦时，已经拥有风机核心控制部件变流器、变桨控制器的完全自主知识产权，填补了国内产业化空白，仅交流器一项就带动行业成本降低 15% 以上。共有近 15 家中央企

---

①郑适. 中国产业发展监测与分析报告（2011）[M]. 北京：中国经济出版社，2011.

业涉足太阳能产业，这些企业分布在发电、建材、军工、机械制造、信息技术等多个行业，开发领域也涵盖了多晶硅提纯、太阳能电池板生产、光伏发电站建设等完整的产业链。中国节能公司已建成京广铁路武汉站、京沪高铁上海虹桥站、宁夏石嘴山等光伏发电项目，截至目前，已签约和在建的太阳能发电项目装机已达 1100MW，在太阳能光伏电站建设领域形成高效、节能、环保、绿色的品牌。中核集团、中广核集团、国家核电等中央企业积极发展核电产业。"十二五"期间，按照《中央企业"十二五"发展规划纲要》，新能源产业加快第三代核电技术引进消化吸收再创新步伐，形成自主知识产权。加大风电、太阳能利用等研发攻关力度，掌握核心技术，提高装备国产化水平，逐步推向国际市场。

（二）在新一代信息技术方面，中央企业保持领先地位

在信息网络建设方面，以 TD-SCDMA 为代表的第三代移动通信系统和下一代互联网开始规模应用。如，中国移动运用物联网技术为客户量身打造集数据采集、传输、处理和业务管理于一体的整套无线综合应用解决方案。中央通信企业积极参与三网融合，与中广传播合作推出手机电视业务。如，大唐电信作为 TD-LTE 的技术标准主导者，在 4G 技术和标准化进程中保持领先地位。在 2010 年国家科技大会上，中央企业信息技术产业的"新一代基于同步数字体系（SDH）多业务传送平台标准、设备研制及应用"项目获得国家科技奖励。

在智能电网开发建设方面，国家电网公司于 2009 年向社会发

布了"智能电网"发展计划。智能电网是一个完整的信息架构和基础设施体系，实现对电力客户、电力资产、电力运营的持续监控，提高电网可靠性和服务水平。国家电网联合西电集团等中央电力设备制造企业，建设特高压骨干网架，实现各级电网协调发展，同时围绕主要环节和信息化等方面，分阶段推进坚强智能电网发展，使电网的资源配置能力、安全稳定水平，以及电网与电源和用户之间的互动性得到显著增强。目前我国自主研发、设计和建设的具有自主知识产权的 1000kV 晋东南-南阳-荆门特高压交流试验示范工程正式投运，标志着中国在远距离、大容量、低损耗的特高压核心输电技术和设备国产化上取得重大突破。

"十二五"期间，按照《中央企业"十二五"发展规划纲要》，新一代信息技术产业要整合电子信息产业资源，打造行业排头兵企业。加快建设信息网络基础设施，大力推进光纤宽带、新一代移动通信网、下一代互联网发展，提升信息服务水平。积极承担国家重大专项任务，占领产业制高点。

（三）在高端装备制造方面，中央企业取得积极成效

高端装备制造业是装备制造业的高端部分，具有技术密集、附加值高、成长空间大等突出特点，是一个国家的战略性产业和工业崛起的标志，是一国制造业的基础和核心竞争力所在。神舟八号、天宫一号、北斗卫星、"蛟龙"号载人潜水器……这些"上天下海"的"中国制造"，是我国高端装备制造业发展的一个缩影。"十二五"期间，高端装备制造业在各行各业加快转变经济发

展方式的背景下，承载着实现从"中国制造"到"中国创造"跨越的战略使命。高端装备"十二五"规划主要分为五个部分：①航空装备；②卫星制造与应用；③轨道交通设备制造；④海洋工程装备制造；⑤智能制造装备。

近年来，一批中央企业加强合作，推进集成创新，在高端装备制造方面取得积极成效。中国南车、中国北车等中央企业引进消化吸收再创新，列车制造技术达到国际领先水平。中广核集团与中国一重、中国二重、东方电气集团、哈电集团等企业通过引进消化吸收再创新，形成我国二代改进技术机型CPR1000。中国一重承担的国家"高档数控机床与基础制造装备"重大专项课题，被列为国家数控专项的十大标志性设备，主要用于核电常规岛转子的热处理，是解决国家重大能源装备中关键大型锻件国产化的基础装备，为世界首创，拥有自主知识产权，达到国际领先水平。中国二重承担的世界首批四台AP1000机组关键设备的研制攻关圆满完成，标志着我国三代核电设备国产化能力得到大幅提升，为建设中国品牌的三代核电奠定了坚实的基础。在2010年国家科技大会上，中央企业在高端装备制造产业有"六轴7200kW大功率交流传动电力机车的研发及应用""地球空间双星探测计划"等五个项目获奖。此外，中国一重、二重重装、中国重工、中船股份、海油工程、中集集团、中核科技等与高端装备制造业有关的上市公司在"十二五"时期都获得了更大的发展机遇。

按照《中央企业"十二五"发展规划纲要》要求，高端装备制造产业要加快构建综合性装备制造集团。争取在发动机、机载设备和航空航天原材料等薄弱环节取得突破；直升机、通用飞机、支线飞机实现产业化；促进卫星及其应用产业发展；大力发展高端轨道交通装备，积极开拓国际市场；大力发展海洋工程装备、高端智能装备；大力发展支撑公共安全技术装备。

（四）在新能源汽车方面，中央企业自主研发新产品取得进展

在开发新能源汽车方面，近年来，中央企业自主研发的纯电动、混合动力和燃料电池新能源汽车整车产品相继问世。长安汽车从 2002 年开始混合动力研发，已形成年产一万辆混合动力汽车的能力，2007 年长安汽车自主研发的中国首款混合动力汽车——杰勋 HEV 量产下线。东风公司已初步建成国内领先的电动汽车工程研究中心，共获得新能源汽车开发方面的专利 40 多项，2009 年底已有八种车型进入国家产品目录，其中两款为纯电动乘用车，一款纯电动客车。一汽集团在 2012 年建成年产 1.1 万辆混合动力轿车、1000 辆混合动力客车的生产基地。有研总院于"十一五"期间开发了 8—50Ah 容量的高功率型锂离子电池，在我国电动汽车用电池的研发能力方面位居前列。2010 年 8 月 18 日，16 家中央企业发起成立电动车产业联盟，旨在整合中央企业资源，建立推动电动车产业整体发展的开放技术平台，统一产业技术标准，共同研发电动车新技术、新产品、新方案、新模式，共享技术成果，联合构建电动车产业链，促进我国电动车的应用普及与市场发展，全面提升我国电动车产业的整体技术水平和全球竞争力。

2008 年北京奥运会期间，一汽集团、东风公司、长安汽车等中央汽车企业和奇瑞、福田、上燃动力等 19 家单位共同研发生产的近 600 辆纯电动、混合动力、燃料电池汽车服务北京奥运会，累计运行 370 万公里，运送乘客 440 多万人次，实现奥运史上最大规模的电动汽车示范运行。2010 年上海世博会期间，共有纯电动、混合动力、燃料电池等 1017 辆各类新能源汽车示范运行，车辆主要由上汽集团、一汽集团、长安汽车、奇瑞、上燃动力、同济、清华等单位共同研制，是目前世界最大规模的新能源汽车示范运营。

"十二五"期间，根据《中央企业"十二五"发展规划纲要》，新能源汽车产业要按照《中央企业电动车产业发展规划》的部署，加大动力电池、驱动电机和电子控制等关键、共性技术攻关，研究提出统一技术标准，加快推进电动车等新能源汽车的商品化和规模化生产，带动其他企业共同发展。

（五）在新材料方面，中央企业积极开发与应用

目前我国以有机硅材料、有机氟材料、工程塑料、特种橡胶、高性能纤维、生物基化工新材料等为代表的化工新材料初步形成了一个新兴产业，成为改造传统行业、发展低碳经济不可或缺的支撑技术。新材料具备轻质、高强，耐腐蚀、高阻力、隔热、高绝缘等独特的优良性能，是航天航空、新能源、高速铁路发展的关键材料。

中国有色集团出资企业中色（宁夏）东方集团有限公司主要

从事稀有金属钽、铌、铍等高新技术产品的研究、开发和生产，产品广泛应用于电子、冶金、化工、航空、航天等高科技领域，是我国唯一的铍材研究、加工基地，是国际钽铌研究中心的执行委员单位，是世界钽冶炼加工三强企业之一，其钽丝、钽粉分别占到世界市场的60％和30％份额，是国家首批科技兴贸出口创新基地。此外，在2010年国家科技大会上，中央企业在新材料产业有"聚苯硫酸（PPS）纤维产业化成套技术开发与应用"等2个项目获奖。

"十二五"期间，按照《中央企业"十二五"发展规划纲要》要求，中央企业依托国家重点工程和产业需求，大力发展稀土功能材料、高性能膜材料、半导体照明材料等新功能材料；积极发展新型合金材料、高品质特殊钢、工程塑料等先进结构材料；提升高性能纤维及其复合材料发展水平，形成规模化、产业化能力。

（六）在节能环保方面，中央企业加大节能环保技术的开发和利用

作为中央企业中唯一一家以节能环保为主业的专业化公司，中国节能投资公司与另外一家中央企业中国新时代控股（集团）公司联合重组，正式成立中国节能环保集团公司（以下简称"中国节能"），共同打造中国节能环保领域的旗舰企业和具有国际竞争力的企业集团。在节能环保领域，形成了规划、咨询、设计、施工、设备制造、投资、运营的完善产业链，并且在产业链的各环节，都有居全国领先地位的专业化公司，且作为国内最大的垃

圾发电企业和太阳能发电企业，一些技术水平与设备，高于欧盟标准。中国节能将加强与欧美等国高技术企业和科研机构的合作，主要集中在能效提高、光伏发电、清洁煤利用、海洋能利用、生物制油等技术领域；同时也将加大对非洲、东南亚等地区的海水淡化、污水处理、可再生能源等领域的扩张。中国节能目前已与法国施耐德、德国雷蒙德斯、韩国 SK 集团、日本的日挥、丸红、以色列 IDE 等国际化公司开展项目合作及技术交流。

在 2010 年国家科技大会上，中央企业在节能环保产业有"西部低能耗建筑设计关键技术与应用"等七个项目获奖。"十二五"期间，中央企业按照《中央企业"十二五"发展规划纲要》，加大节能环保技术的开发和利用，在煤炭清洁燃烧、二氧化碳捕集利用、污水和垃圾处理、海水淡化、生物质能源、废气处理、重金属污染防治等方面形成一批具有自主知识产权的核心技术，并逐步实现产业化，推进中央企业节能环保再上新水平。

（七）在生物产业方面，中央企业积极参与研发

从燃料乙醇的发展看，我国燃料乙醇产业起步较晚，但发展迅速，从 2002 年开始燃料乙醇试点工作以来，目前已成为继巴西、美国之后第三大生物燃料乙醇生产国和消费国。从生物柴油的发展来看，生物柴油年产量由最初的一万吨发展到现在的近 20 万吨，总设计产能已达 200 万吨/年，生物柴油被纳入《中华人民共和国可再生能源法》的管理范畴。2008 年，为鼓励和规范生物柴油产业发展，防治重复建设和投资浪费，根据生物燃料产业发

展总体思路和基本原则，结合国家有关政策要求及产业化工作部署与安排，国家发改委批准了中石油南充炼油化工总厂6万吨/年、中石化贵州分公司5万吨/年和中海油海南公司6万吨/年三个小油桐生物柴油产业化示范项目。截至目前，我国生物柴油产业已初步形成以中粮集团、航天科工和三大石油集团为主的中央企业、民营公司和外资公司共同参与的格局。

"十二五"期间，按照《中央企业"十二五"发展规划纲要》要求，中央企业要大力发展重大疫病和多发性疫病领域自主知识产权药物、罕见病用药、新兴生物技术药物以及特色化学原料药。着力培育生物育种产业。①

综上所述，近年来，中央企业作为我国发展战略性新兴产业的重要力量，充分发挥科技的支撑引导作用，结合企业自身实际，积极调整发展战略和产业结构，把发展的着力点聚焦到战略性新兴产业上，取得了一定成效。在智能电网、电动车、三网融合、新能源、新材料、节能降耗、低碳减排、绿色环保等战略性新兴产业领域已经进行了提前部署、超前谋划，初步具备了相对完整的产业链雏形和一定的产能规模。在部分领域的技术水平已接近或达到世界领先水平。"十二五"期间，按照《中央企业"十二五"发展规划纲要》，加快发展战略性新兴产业。加强规划引导，发挥中央企业整体优势，构建特色突出、结构合理、优势互补的

---

① "关于印发《中央企业"十二五"发展规划纲要》的通知"（国资发规划〔2011〕97号）。

战略性新兴产业发展格局，避免重复投资建设。明确培育和发展的主要任务和重点，统筹部署，集中力量，重点支持，在新能源、新一代信息技术、高端装备制造、新能源汽车、新材料、节能环保、生物等领域率先突破并掌握一批核心技术，率先实现规模化生产，逐步实现产业化。

第二编

国有资产监督体制改革

国有企业内部控制监督体系的现状和特点[*]

一、国有企业内部控制外部监督体系现状和特点

国有企业一般指国有独资企业和国有控股企业，国有控股企业的股东包括国有企业、国资委及其他履行国有资本出资人职责的政府机构，以及民营企业和个人。上市公司中也有相当数量的国有企业。企业内部控制的外部监督约束，主要来源于政府部门、监管机构和股东。国有企业外部监督管理法规和要求，主要来源于财政部、审计署、证监会、银监会、保监会等。社会中介机构接受委托，对企业内部控制进行评价与报告，也是企业内部控制的外部监督主体。

（一）政府部门和监管机构对企业内部控制的指导与监督

1. 财政部

财政部对国有企业的管理职能主要是监督、检查国有企业对

---

*节选自国资委监事会软课题"监事会对中央企业内控有效性监督检查方式方法研究"（2012 年），部分内容发表于《国有资产管理》，2014 年第 3 期。

财税政府、会计规章的执行。《企业内部控制基本规范》及配套指引发布后，财政部将企业内部控制配套指引的制定发布视为继我国企业会计准则、审计准则体系建成并有效实施之后的又一项重大系统工程，也将国有企业执行内部控制规范和指引情况纳入了监督检查范围，对企业执行情况开展不定期检查。

2. 审计署

审计署对国有企业的管理职能主要是对国有企业财务状况和国家重点建设项目进行审计监督。近年来，审计署建立了对国有企业的常规审计和受组织人事部门委托进行经济责任审计的审计机制。审计内容不仅包括财务法规规定执行情况，也包括内部控制制度及执行情况，"三重一大"制度、投融资、招标投标等业务规定执行情况均在审计范围内。《企业内部控制基本规范》及配套指引，也将成为审计署审计的法规依据。

3. 证监会等监管机构

证监会对国有企业的管理职能主要是监管上市公司（包括国有上市公司）对上市法规的遵循情况。证监会明确提出将与有关部门加强协调，按照"选择试点、逐步推广、总结经验、稳步推进"的原则，分步骤、分阶段地推进企业内控规范在上市公司的实施，并把上市公司的内部控制建设情况纳入上市公司日常监管的范围，确保内控规范体系的执行质量。要求上市公司实施《企业内部控制基本规范》及配套指引，委托社会中介机构对内部控制进行审计，并发表意见。

银监会对国有企业的管理职能主要是监管银行业企业对相关法规的遵循情况。银监会将《企业内部控制基本规范》及配套指引作为提高我国银行业内部控制水平的重要工具，对银行业内部控制管理和防范经济金融风险情况进行监管。

保监会对国有企业的管理职能主要是监管保险业企业对相关法规的遵循情况。保监会提出，内部控制监管是保险公司监管的重要组成部分。保监会将按照企业内控规范体系的原则和要求，结合保险行业的特点和实际，加强对保险公司的政策指导和行业监管，督促梳理完善内部控制制度，确保内控规范体系在保险行业得到有效执行。

4. 国资委

国资委对国有企业的管理职能主要是履行出资人职责。国资委于 2012 年 5 月发文，要求中央企业分类分步推进内部控制体系建设与实施。在监管方面，将加强对中央企业内部控制工作的监督检查，将内部控制有效性作为经济责任审计、专项审计以及各类监督检查工作的重要内容，并定期选取部分企业针对关键业务流程开展内部控制有效性的专项检查；监督检查中发现内部控制存在重大缺陷的，根据其性质或影响程度在业绩考核中给予扣分或降级处理；对于因内部控制缺陷造成资产损失的，按照《中央企业资产损失责任追究暂行办法》（国资委令第 20 号）的有关规定，追究相关责任人的责任；对于在监督检查中发现的重大缺陷，企业在自我评价和审计工作中未充分揭示或未及时报告的，将追究内部控制评价部门和外部中介机构的责任；对于建立规范董事会的中央企业，国资委还将把内部控制的有效性作为董事会履职评估的重要内容。

5. 纪检监察机关

纪检监察机关对国有企业资金、投资决策合规性及企业领导人员履职情况等进行监督，其法规依据也包括《企业内部控制基本规范》及配套指引。

6. 监事会

根据 2000 年颁布的《国有企业监事会暂行条例》有关规定，国有资产监督管理机构代表国务院或地方人民政府向履行出资人职责的企业派出监事会。监事会履行的主要职责包括：检查企业贯彻执行国家法律、行政法规和规章制度情况；检查企业财务，查阅企业的财会资料及与企业经营管理活动有关的其他资料，验证企业财务报告的真实性、合法性；检查企业的经营效益、利润分配、国家资产保值增值、资产运营等情况；检查企业负责人的经营行为，并对其经营业绩进行评价，提出奖惩和任免建议。监事会将企业执行《企业内部控制基本规范》及配套指引的情况纳入监督范围是必然要求和选择，监事会是企业内部控制监督体系的重要组成部分，监事会对企业监督的权威、专业、专人、持续等特点决定了监事会在企业内部控制监督体系中发挥着重要作用。

（二）社会中介机构对企业内部控制的评价鉴证

社会中介机构在国有企业内部控制外部监督中发挥着不可或

缺的作用。目前，股东对外部审计的利用主要是通过会计师事务所对企业经营结果和内部控制机制的审计。《企业内部控制基本规范》及配套指引明确要求，企业可以依法委托会计师事务所对本企业内部控制的有效性进行审计，出具审计报告。上市公司应在年报中披露内部控制审计情况，特别是需要揭露内部控制存在的制度设计和制度执行重大缺陷。

（三）企业内部控制外部监督体系存在的问题和缺陷

1. 政府监督效果不理想

财政部、审计署、证监会、国资委评价局等部门监督功能交叉、标准不一，管理分散、缺乏沟通，未能形成合力。与监事会监督不同，各部门对企业内部控制的监督不是常态化的，多为抽查性质，监督的范围和深入程度不够，监督效力不够。

2. 社会监督不到位

会计师事务所不规范的执业环境和不正当的业务竞争，以及对注册会计师的监督不力，社会监督独立公正的鉴证作用没有充分发挥。

二、国有企业内部控制内部监督体系现状及特点

近年来，我国企业根据《企业内部控制基本规范》及配套指引，结合企业实际情况，积极探索建立内部控制内部监督体系，并取得了一定成果。

（一）企业内部控制内部监督体系的构成

根据《企业内部控制基本规范》及配套指引的要求，内部控制内部监督体系一般包括五个子系统，即风险预警、实时财务监控、内外部审计监督、评价考核及责任追究。内部控制内部监督是国有企业监督体系的核心，围绕国有企业建立内部控制体系框架进行全方位的监督，应当涵盖内部控制的建设、实施、评价、检查、报告、审计、考核和信息披露等全部内容。监督内容包括公司治理结构、业务控制和财务控制等三大方面。内部控制监督不过分强调权力链条上的审批式监督和流程环节的记录式监督等现场监督，而是离场的、大范围的监督。其运作机理是首先根据公司政策和运营实际设立一系列的指标，通过风险预警系统发现运营指标的偏差，或者通过实时的财务监管系统发现财务管理中存在的问题，指示内部审计工作的方向和重点，通过审计监督发现偏差的原因和修正的方向，确认经营结果并通过考核及责任追究的设置，激励督促经营者和操作者向公司预期的方向努力，着力完善企业内部控制体系，以取得预期的经营结果，从而实现内部控制的自我修复、自我完善。

1. 风险预警系统

风险预警系统是企业能尽早发现风险及其所产生的损失，并作出决策的系统。具体地说，就是针对企业的业务循环与关键风险点，制定风险预警指标，并设定临界值和正常区间，定期编制并上报风险预警分析报告，管理者借此报告进行决策。建立并实施有效的风险预警系统，有利于企业及早发现问题、作出快速反应、化解风险，降低监控成本，弥补事后监督的不足。

2. 财务监控系统

财务监控系统包括财务预算监督、财务决算管理、重大财务事项管理和总会计师职责管理四个方面。财务监控系统为审计监督工作提供工作重点和方向指引。财务管理是企业管理的重要环节，完善的内部控制体系需要有完善的财务监控系统。

3. 内部审计监督系统

内部审计监督系统根据内部控制要求对内部控制制度设计和执行的有效性进行检查和评价。具体工作包括：制定内部控制评价标准与检查工作手册，定期选定检查对象，评价企业内部控制体系设计的合理性以及内部控制体系运行的有效性。同时根据预警体系异常指标所指示的方向进行经济责任审计、合规审计和程序审计，对违规情况起到威慑与查处作用。有效的内部审计监督系统，能够不断促进内部控制体系的有效性和持续改进优化。

4. 评价考核及责任追究系统

评价考核及责任追究系统是保证内部控制制度和各种监督手段有效执行的保障系统。将内部控制执行情况纳入绩效考核与责任追究范围，才能实现内部监督体系的有效性。

（二）企业内部控制内部监督体系建设取得的成效

我国国有企业内部控制建设起步时间不长，虽然与基本规范和配套指引的要求还存在较大差距，但企业内部控制内部监督体系建设仍取得了较大成效。

董事会审计委员会在内部控制监督中的作用明显加强。对于建立了董事会的国有企业，董事会审计委员会定位于经营者内部监督的领导机构，承担了沟通与监督两项职能，负责高管层和外部审计的沟通，指导内部审计部门开展内部控制监督工作，在内部控制体系建设与实施中发挥着十分重要的领导作用。

内部审计机构在内部控制监督中的职能不断增强。近年来，审计范围从财务审计逐步扩展到了业务制度执行等多个方面，包括内部控制体系的检查和评价，在内部控制监督体系中的作用日益加强。

企业惩防体系建设是内部控制监督中的重要组成部分。企业纪检监察部门普遍重视惩防体系建设。根据国家法律法规和党的纪律，对企业领导人员履行职务行为进行监督，监督内容由廉洁从业扩展到党纪国法和企业"三重一大"决策制度和内部管理制度的执行情况。惩防体系在企业内部控制监督体系中的作用得到了有效发挥。

（三）企业内部控制内部监督体系存在的问题和缺陷

由于我国内部控制体系建设起步较晚，企业内部控制执行不力现象较为普遍，主要存在以下问题。

1. 事前风险预警、事中重点监控相对薄弱

我国企业内部审计普遍受到重视和加强，内部审计部门的监

督能力逐渐提升、作用不断强化，但是审计还是定位于事后监督，不利于及时发现问题。由于缺乏事前风险预警、事中重点监控等手段，问题暴露出来的时候已无法解决，给企业造成较大损失，对企业经营发展影响较大。

2. 内部控制评价考核机制不完善

对企业管理层的业绩考核以利润为主要依据，对其内部控制较少进行综合评价。政府监管部门对企业内部控制评价的要求也偏于笼统，缺乏严格的评价体系和约束机制。虽然一些企业探索开展了内部控制评价工作，但是总体上企业业绩考核注重盈利指标而忽视内部控制体系的建立完善的情况还较为普遍。

3. 责任追究机制有效性不够

目前大多数企业制定了多项内部控制制度，但是却不够重视责任落实问题。有的企业虽制定了规章制度但具体执行不严格、内部监督制衡不到位；有的企业缺乏有效的资产损失问责机制，损失责任不落实，缺乏必要的赔偿和处罚措施，责任追究流于形式。缺乏责任追究制度的企业内部控制是一个外观庞大而内部疲软、完整而不完善的内部控制系统。由于没有责任追究制度，内部控制过程某个环节出现问题，很难落实责任。由于责任不落实，就容易出现互相推诿、越权控制的现象，最终导致整个控制系统失灵、失效。

4. 内部监督乏力

当前我国国有企业初步建立了内部控制体系，但制度设计和执行缺陷普遍存在。主要表现为，一是制度本身制定得不合理，或过于理想化，或随着新情况出现，原有制度已不能适应却没有及时修改，从而使得制度不具可操作性，自然也就不会被执行；二是缺乏保证制度执行的机制，一些单位对内部控制执行情况既没有检查监督，又没有相应的奖惩措施，内部控制制度成为墙上摆设和一纸空文也就不奇怪了。作为内部控制内部监督机构的审计机构及其职能相关弱化。有的企业内部审计有效性不强，内部审计机构不完善，内部审计的监督职能尚未充分发挥；有的企业审计理念滞后，审计部门独立性较差；有的企业审计力量不足，审计人员业务素质有待提高；有的企业审计工作的广度和深度不够。

三、监事会监督的特点

从监督体系存在的问题和缺陷来看，企业内部控制建设需要内部动力，也需要外部动力。整合监督资源，构建新型外部监督体系，能够有效地弥补内部控制内外部监督体系存在的薄弱问题，有利于促进企业强化内部控制体系建设，提高内部控制的有效性。监事会监督主要有以下特点。

（一）监督工作具有连续性

监事会监督是一种日常监督、连续性监督，采用财务查账、参加会议、听取汇报、找人谈话、现场考察、外围查证和专题调研等多种方法，对所监督企业进行全面和深入的监督检查。每年要对所监督企业的财务状况、经营业绩、经营管理和改革发展等方面进行评价，对企业负责人的能力与业绩进行评价并提出奖惩任免建议，上报每家企业的年度监督检查报告，还要用专项报告等形式随时上报发现的问题和存在的风险。因而在对企业内部控制监督时，监事会不仅关注某一时点或某一时段内企业内控的有效性，更重要的是监督企业建立内部控制长效机制。

（二）评价范围更广

内部控制的构成范围涉及企业经营管理的方方面面，监事会除检查企业财务经营外，还重点关注非财务活动及管理层履职行为等，如企业"三重一大"决策程序的合法合规性，企业领导人的廉洁从业行为及履职能力等。与其他政府部门和中介机构仅关注企业某一方面的问题有所不同。

（三）独立性更强

监事会监督具有高度的独立性，一方面监事会是独立于企业的外部监督机构，不受被监督企业领导，工作方式和内容不受企业影响；另一方面监事会自成立之初就制定了"六要六不"行为规范，对监事会履行监督职责作出了严格规定，禁止接受企业宴请和赠送礼品，监事会成员也不在被监督企业领取任何报酬，切断了与企业的经济关系，从机制上保证了监事会做得到"张得开口，下得了手"，在监督过程中不受被监督者利益的驱动。最后，监事会作为国务院派出的监督机构，具有法律上的权威性，其工作成果作为政府决策机构和国务院领导制定国有企业改革发展战略等问题时的重要参考，要承担监督失职的责任。因此，工作性质和法律地位决定监事会对企业内部控制监督更具独立性。

监事会对中央企业内部控制体系的监督机制[*]

　　近些年，有些中央企业出现的因内部控制失效而发生的重大事件，使得政府、企业等都认识到只有成熟的内部控制框架是不够的，更为重要也更为紧迫的一项工作就是通过深化内部控制框架的监督要素的运用以及加强对企业内部控制有效性的外部评价来保证内部控制实施的有效性。

　　从内部控制的定义看，内部控制是企业全员的控制，但应该明确关键的责任主体，确定关键责任主体的职责和任务，我们认为，内部控制的两个关键责任主体是企业的董事会（或股东）和管理层。这两个主体责任的落实是推动内控建设的关键。当前，我国还有较多的中央企业是国有独资公司，没有设立健全的董事会，在这种情况下，除企业管理层需承担建设和维护内部控制有效实施的责任外，出资人（股东）也应该有责任推进企业的内部控制建设。因此，监事会作为国有资产的出资人监督代表，应承

---

　　*部分内容发表于《国有资产管理》，2013 年第 6 期。

担对企业内部控制有效性及董事会或管理层在内控中的责任进行评价的职责。笔者认为监事会对企业内部控制体系的监督具有两层意思：一是作为内部控制体系的监督要素，保障企业的内部控制环境、风险评估、控制活动及信息沟通等要素的自我调整和完善，从而实现企业的内部控制动态更新，促进企业健康持续发展；二是作为出资人监督代表，对企业内部控制进行独立的评价，推进企业内部控制体系建设和执行的有效性，保障国有资产保值增值。

一、企业内部控制体系的监督理论

（一）监督与内部控制有效性的关系

内部控制有效性即内部控制对合规目标、资产目标、报告目标、经营目标和战略目标的实现提供的保证程度。已有研究表明，影响内部控制有效性的因素是多方面的，但有一点毋庸置疑，就是良好的监督可以合理保证内部控制体系的有效性。监督与内部控制有效性存在互动关系。一方面，有效的监督可以维护内部控制体系的有效性，为内部控制体系的持续有效运行提供合理保证。监事会的监督是对内部控制的设计和运行质量进行评价的过程，这个过程要包括日常监督和专项监督，才能够合理保证内部控制的有效性，对内控制度的设计和执行情况实行严格的检查和反馈，必要时向出资人报告，确保企业内部控制体系的持续有效性。另一方面，有效的内部控制体系可以促进监事会监督的有效实施，提高内控监督的效果和效率。建立监事会对企业内控体系监督机制，应从理解内部控制体系的设计是否能达到内部控制目标开始。经过适当设计和执行的内部控制体系可以通过有效的风险识别和风险评估来确定监督的重点，提高监督的效果；通过成本效益标准的执行来提高监督的效率。

（二）监督动因分析

监督的目的在于帮助企业提高内部控制体系的效果和效率，防止内部控制体系无效或失效，其动因包括以下几点。

1. 内部控制参与者行为异化

企业有关部门作为内部控制的参与者无法完全掌握和了解内外部控制环境和未来的风险变化，也不具有完全的认知能力，所以无法列出全部备选方案，也无法完全准确地从中评选出最优方案，其做出的选择，永远是有风险的。另外，内部控制参与者在设计与执行内部控制时，考虑的重点是其个人利益，而不是关注内部控制体系的有效性。当个人利益与公司利益发生冲突时，内部控制的参与者将选择维护其个人利益。

2. 信息不对称

根据《企业内部控制基本规范》的要求，董事会或经营层负责内部控制的建立健全和有效实施，授权内部审计机构负责设计公司的内部控制体系，设计者可能由于认知能力和个人利益的原因，导致内部控制体系存在设计缺陷，而董事会可能一时无法识别该缺陷。在内部控制的执行过程中，各控制点的执行者也可能由于认知能力和个人利益的原因，导致内部控制体系没有得到适当的执行。所以，相对于内部控制的设计者和执行者来说，董事会存在着信息不对称，其距离信息源要远于前者，获取信息的时间和质量均落后于后者。

3. 委托代理冲突

在内部控制体系的设计与执行过程中，企业董事会或经营层对内部控制的建立健全负总责，内部控制设计者和执行者具体负责建立健全内部控制体系，所以，董事会或经营层与内部控制的设计者和执行者之间也存在着委托代理关系。在委托代理关系中，由于每个人都存在着利己倾向，每个人要求的利益关注点不同，从而导致了各种委托代理冲突的产生。在这些委托代理冲突中，委托方和代理方实际在进行无休止的博弈，由于代理方拥有信息优势，所以往往能够在博弈的过程中占到上风。

4. 环境不断变化

企业面临的内外部环境并非一成不变，而是处于不断地变化过程之中。企业的内部控制体系如果经过适当的设计和执行，但是执行的环境发生变化（如风险、人员、流程、技术的变化），而内部控制体系的设计并没有相应的变化，最终将导致内部控制体系失效。因此，企业需要通过内部监督（日常监督和专项监督）来应对那些"实时"的变化。

（三）企业内部控制监督规范

进入 21 世纪以来，为了更好地促进企业的内部控制建设，各国在内部控制框架理论的基础上对内部控制领域的理论和实务进行审视，并与时俱进地对内部控制框架进行了发展和深化。美国 2002 年通过的《萨班斯-奥克斯利法案》对内部控制进行规定。2004 年 COSO 委员会《企业风险管理——整体框架》以风险管理为主线对内部控制框架做了进一步的发展，以不断评估内部控制体系的运行质量，突出监督要素存在的必要性。但很多企业在实际运用内部控制框架理论时，并没有充分利用监督检查这一要素。为了更好地指导企业充分的应用监督要素，COSO 委员会于 2009 年颁布《内部控制体系监督指南》，从机制建设和方法层面为有效实施内部控制检查提供了具体指引。这些国际上有关内部控制监督的规定，对我国企业建设内控监督体系具有重要借鉴意义。

2000 年以来，我国借鉴世界先进的内部控制理念和规范，充分考虑国内实际情况，并总结内部控制制度推行阶段的经验和教训，通过一系列规章制度，建立统一的企业内部控制规范和建设体系。国资委于 2006 年 6 月颁布《中央企业全面风险管理指引》，首次从风险管理和内部控制角度就中央企业风险管理问题出台技术性指导建议。2008 年 6 月，财政部、证监会等五部委联合颁布《企业内部控制基本规范》，标志着我国企业的内部控制建设进入了一个新的阶段。2010 年 4 月，财政部会同证监会、审计署、国资委、银监会等部门又发布《企业内部控制配套指引》，该指引与《企业内部控制规范》共同构建了我国企业内部控制规范体系，同时要求政府监管部门对相关企业执行内部控制规范体系的情况进行监督检查。2012 年 5 月，国资委和财政部联合发布《关于构建中央企业内部控制体系有关事项的通知》，提出力争用两年时间，在全部中央企业建立起规范的内部控制体系，为中央企业更好发展奠定坚实基础。

(四) 监事会监督职责

按照《国有企业监事会暂行条例》规定，监事会由国务院派出，对国务院负责，代表国家对企业的国有资产保值增值状况实施监督。监事会代表国有资产所有者实施监督职能，其在企业内部控制监督中的职责就是要反映出资人的要求，确保企业按照有关政策规定建立内部控制制度，并切实有效的执行，同时代表出资人对企业内控建设和执行的有效性进行监督检查，督促企业及时整改缺陷和漏洞，向出资人汇报。监事会独立性、权威性的监督特点，通过各种监督手段和方式使企业内部控制良好运行，保障企业实现效率与风险防范平衡。同时，监事会对内部控制的监督与评价应坚持持续监督，注重持续改进和文档积累。由于中央企业的内外部环境不断发生变化，企业所面临的风险也不可能一成不变，再加上内部控制所存在的固有局限性，为了保证有效性，内部控制的监督与评价必须坚持持续监督，同时辅之以单独或阶段性评价（集中重点检查等）。

二、企业内部控制体系的监督实践

自 2004 年以来，境外上市的中央企业按照国外有关规定，逐步建立内控体系；2006 年《上海证券交易所上市公司内部控制指引》和《深圳证券交易所上市公司内部控制指引》发布，境内上市的中央企业开始建立内控体系；2012 年，全部中央企业按照《关于构建中央企业内部控制体系有关事项的通知》，全面建设内部控制体系。

（一）企业内部控制体系外部监督现状

根据以上介绍，我国有关内部控制的指导原则、指引、规范出自不同的政府部门，这是由企业的管理体制造成的。如国资委主管国有大中型企业；证监会主管上市公司的信息披露；财政部主管全国所有企业的财务与会计工作，并负责会计准则与制度的制定；审计署主管全国的审计工作，并负责审计准则的制定；银监会和保监会负责其行业内企业的内部控制建立和评价的监管。许多企业分属多个监管部门管理，一方面加大了监管部门的工作量，另一方面也造成了多头监管，削弱了监管的权威性，令企业无所适从。此外，企业还接受会计师事务所对企业内部控制有效性的审计，出具审计报告。

但多年实践证明，企业内部控制体系外部监督不力，一是政府监督效果不理想。财政部、审计署、证监会、国资委等部门监督功能交叉、标准不一，管理分散、缺乏沟通，未能形成合力。二是社会监督不到位。会计师事务所不规范的执业环境和不正当的业务竞争，以及对注册会计师的监督不力，社会监督独立公正的鉴证作用没有充分发挥。

（二）国有企业内部控制体系内部监督现状

根据《企业内部控制基本规范》及配套指引的要求，企业内部控制体系内部监督一般包括五个子系统，即风险预警、实时财务监控、内外部审计监督、评价考核及责任追究。但由于我国内部控制体系建设起步较晚，企业内部控制监督不力现象较为普遍，主要存在以下问题。①事前风险预警、事中重点监控相对薄弱。企业内部审计还是定位于事后监督，不利于及时发现问题。由于缺乏事前风险预警、事中重点监控等手段，问题暴露出来的时候已无法解决，给企业造成较大损失，对企业经营发展影响较大。②内部控制评价考核机制不完善。虽然有些企业探索开展了内部控制评价工作，但是总体上企业业绩考核注重盈利指标而忽视内部控制体系的建立完善的情况还较为普遍。③责任追究机制有效性不够。目前大多数企业制定了多项内部控制制度，但是却不够重视责任落实问题。由于责任不落实，就容易出现互相推诿、越权控制的现象，最终导致整个控制系统失灵、失效。④内部监督乏力。当前企业内部控制体系普遍存在制度设计和执行缺陷。

（三）监事会监督现状及特点

自国有外派监事会制度建立 15 年来，监事会由事后监督过渡到监事会监督，逐步走出一条不断加强与改进的国有企业监督道路，并在新时期新形势下着力推进制度创新，不断完善国有企业监督机制，目前对中央企业内控体系建设进行监督已成为监事会监督重点之一，且监事会"外派内设"的现状，说明监事会既具有对企业内部控制体系的外部评价职能，又作为企业内部控制体系的监督要素，对企业的内控体系建设和执行的有效性进行监督。监事会作为出资人监督的代表，以其独立性和权威性，补充了企业内部审计等企业内部监督机构对企业董事会或管理者的监督缺位或失效问题；又作为内部监督要素，利用常驻企业开展持续性监督，将企业内部审计部门、财务部门的检查和会计师事务所对企业的内部控制评价鉴证结合起来。相比国家审计署、纪检部门，监事会监督更倾向于帮助式解决问题，通过提醒函、专项报告等多种形式，在日常监督中帮助企业及时改进完善内部控制体制。

同时，监事会对企业内部控制的评价不同于中介机构对内部控制的评价，会计师事务所对内部控制的评价主要是以独立者的身份评价企业的内部控制是否符合《企业内部控制基本规范》的要求，侧重于微观层面的管理流程；监事会监督检查不仅要看内部控制是否符合有关要求，更重要的是检查经营管理者在内部控制中承担的责任，检查内部控制体系建设和执行有效性，更侧重于宏观方面。

三、相关建议

（一）紧紧抓住监事会"内设"契机，建立监事会对企业内部控制体系的监督机制

监事会作为企业法人治理结构的重要组成部分，其监督的专职性、持续性等特点决定了将在企业内部控制体系中发挥重要的监督作用。从保护出资人利益的角度来看，企业内部控制的目标与监事会监督的目标也具有一致性，并且一个具有良好内部控制的企业会很大程度降低监事会的监督失察风险。因此，监事会对国有企业内部控制的监督要坚持日常监督和集中检查相结合，充分发挥监事会日常内控监督力量，通过列席企业有关会议、检查经营管理活动、查阅有关资料、检查企业财务等多种方式，对企业领导人员履职和企业内控制度建设的合规性进行监督，并通过与企业人员谈话、听取汇报、问卷调查、接待群众来信来访以及借鉴其他工作成果等方式对企业内控制度执行有效性进行印证。以日常监督为基础，积极开展内控集中检查。监事会根据具体情况，内控集中检查既可以与针对某些企业的集中重点检查相结合，也可以单独组织对内部控制的某一或者某些关键流程、关键控制点进行有针对性的专项检查，以深入了解企业重要领域的控制情况。

（二）充分发挥监事会"外派"职能，建立监事会对国有企业内部控制体系的评价机制

监事会作为出资人监督的代表，对企业内部控制体系的监督应站在出资人的角度，按照"委托代理理论"的要求，对受托者在内部控制中是否有效承担内控责任以及对企业内部控制的有效性等内容进行评价，同时制定科学客观的内部控制评价标准，结合各行业和企业特点，形成原则性要求与具有行业（企业）特点相结合的内部控制评价标准体系。由此可见，监事会不同于企业内部控制其他监督机构，对企业内部控制有效性进行评价是监事会日常监督和集中检查相关工作的落脚点。同时，加强对内控缺陷率指标的研究和运用，适时建立监事会对国有企业内部控制的缺陷认定和纠正机制，并督促企业对内控缺陷制订切实可行的整改方案，监督检查企业在预计时间前完成整改工作。

（三）综合运用企业内控体系内外部监督力量，引导和促进企业建立"大监督体系"

目前，企业内部控制体系多种形式的内外部监督为企业良好发展提供了必要保障，但也存在资源分散、工作重叠等问题，如国家审计、纪检监察机构的监督更多是不定期式检查，倾向于惩戒式的展示问题，多属事后监督形式；会计师事务所代表的社会监督更倾向于对财务报告的合规性检查，关注企业财务相关活动的控制，而企业内部众多的监督机构，分别从各自职能和利益出

发进行监督，势必造成监督成本过高和监督缺乏实效。与之相比，监事会监督是一种基于出资人所进行的监督，应该而且必须综合运用各种监督力量，才能更好地维护出资人的权益，并且监事会常驻企业开展监事会监督，能够从企业长远发展和国家宏观层面综合利用这些监督成果；切实有效地解决内部监督"管下不管上，管事不管人"的弊端；将会计师事务所对企业的内部控制评价鉴证结合起来，对会计师事务所受审计手段限制难以做出评价的问题进行重点检查。相比国家审计署、纪检部门，监事会监督更倾向于帮助式解决问题，通过提醒函、专项报告等多种形式，在日常经营活动中帮助企业及时改进完善内部控制体制，促使企业建立内部控制大监督体系。同时，加强监事会与企业内部监督资源，特别是与独立董事监督、内部审计监督以及职工代表大会监督等的有效整合，充分发挥各种监督机制的比较优势，通过监督资源的优化整合和系统功能的扩展扬长避短，建立工作成果共享机制和联动机制，真正实现对企业重大事项和管理层的有效监督，这是完善国有企业公司治理结构和提高公司运作效率的根本出路，可以达到任何单一监督机制都无法实现的效果，能够更好地实现国有资产在保值的基础上最大限度地增值，促进国有企业的健康运行和可持续发展。

监事会监督需处理好的几种关系[*]

一、监事会监督与其他监督部门的关系

（一）监事会监督与中纪委、监察部监督

1. 中纪委

《中国共产党党内监督条例》第八条规定，党的各级纪律检查委员会是党内监督的专门机关。中共中央纪律检查委员会是中国共产党最高纪律检查机关，主要任务是：维护党的章程和其他党内法规，协助党的委员会加强党风建设，检查党的路线方针政策和决议的执行情况；对党员进行遵守纪律的教育，做出关于维护党纪的决定；检查和处理党的组织和党员违反党章和其他党内法规的比较重要或复杂的案件，决定或取消对这些案件中党员的处分；受理党员的控告和申诉等。根据工作需要，它可向中央一级

  *国务院国有资产监督管理委员会研究室编．探索与研究——国有资产监管和国有企业改革研究报告（2008）．北京：中国经济出版社，2009年第1版.

党和国家机关派驻党的纪律检查组或纪律检查员。(摘自《中国共产党组织工作辞典》)

2. 监察部

监察部与中共中央纪律检查委员会机关合署办公,依据《中华人民共和国行政监察法》规定,监察部对国务院各部门及其国家公务员、国务院及国务院各部门任命的其他人员和各省、自治区、直辖市人民政府及其领导人员实施监察。主要职责包括:受理对国家行政机关、国家公务员和国家行政机关任命的其他人员违反行政纪律行为的控告、检举;调查处理国家行政机关、国家公务员和国家行政机关任命的其他人员违反行政纪律行为;受理国家公务员和国家行政机关任命的其他人员不服主管行政机关给予行政处分决定的申诉,以及法律、行政法规规定的其他由监察机关受理的申诉等。

3. 中央企业巡视组

巡视制度是完善党内监督机制,加强党内监督的一项重要举措。2002 年 11 月,党的十六大作出了"改革和完善党的纪律检查体制,建立和完善巡视制度"的重大决策。根据党中央的部署要求,2003 年,中纪委、中央组织部正式组建专门的巡视工作机构。《中国共产党章程(修正案)》(中国共产党第十七次全国代表大会部分修改,2007 年 10 月 21 日通过)第十三条规定,党的中央和省、自治区、直辖市委员会实行巡视制度。《中国共产党党内监督条例》专设巡视一节,明确规定中央和省、自治区、直辖市党委建立巡视制度，监督的对象是党政领导班子及其成员。第二十八条规定了巡视工作的主要任务是："（一）了解贯彻落实'三个代表'重要思想和执行党的路线、方针、政策、决议、决定和工作部署的情况，执行民主集中制的情况，落实党风廉政建设责任制和廉政勤政的情况，领导干部选拔任用的情况，处理改革发展稳定的情况，中央要求巡视的其他事项；（二）向派出巡视组的党组织报告巡视工作中了解到的情况，提出意见和建议。"第二十九条规定了巡视组的工作方式，即"可以根据巡视工作需要列席所巡视地方的党组织的有关会议，查阅有关文件、资料，召开座谈会，与有关人员谈话，了解和研究群众来信来访中反映的有关领导干部的重要问题"，但"不处理所巡视地方的具体问题"。目前，由中纪委和中组部专门成立了巡视组，对中央管理的大型企业、重要骨干企业开展巡视。巡视组对企业领导班子及其成员特别是主要负责人按照《中国共产党党内监督条例》规定的主要任务及针对企业改革和发展中的国有资产保值增值情况、对企业维护职工合法权益情况、对企业是否存在破坏市场经济秩序的不正当交易行为特别是商业贿赂等问题进行监督检查。

4. 监事会与中纪委、监察部的关系

（1）联系：根据工作需要，监事会可请纪检、监察部门给予支持和配合，提供政策咨询，负责解释有关纪检监察的法律、法规问题；报经批准，监事会可请纪检、监察部门参加和介入监事会的监督检查工作；监事会对涉及企业领导人员和党员干部严重违纪问题，在事实基本清楚、证据基本确凿的情况下，向纪检、监察部门办理移交手续。

（2）区别：中纪委和监察部，包括中央企业巡视组在内，是从党纪和行政监察角度可以对中央及国务院各部门任命的国有企业领导人进行纪律检查和行政监察，监事会监督和中纪委、监察部的监督职能除都属于国家监督范围外，在代表主体、监督对象、监督任务和工作方式上有明显的不同，可以优势互补，形成监督合力，能够更好地发挥国家对企业的监督作用。

（二）监事会监督与审计署监督

1. 审计署

为了确保国有投资主体能真正地履行投资者的职能，维护国家所有者权益，对财政部门实施监督是十分必要的，国务院则授权国家审计部门履行这一职责。按照《中华人民共和国审计法》规定，建立了以国家审计为主体的审计监督制度；国务院和县级以上地方人民政府设立审计机关。《中华人民共和国审计法实施条例》规定，审计机关对国有资产占控股地位或者主导地位的下列企业，依法进行审计监督：国有资本占企业资本总额的50％以上的企业；国有资本占企业资本总额的比例不足50％，但是国有资产投资者实质上拥有控制权的企业。审计机关对前款所列企业的审计监督，除国务院另有规定外，比照《中华人民共和国审计法》第二十条、第二十一条的规定执行。国家审计部门依法对国有产权管理部门有关国有资产产权界定、产权登记、产权变动、国有资产评估、国有股权的转让、产权收益、资本金预算、财产评估等基础工作实施监督。对各种违反国家有关国有资产管理的财务制度和法规的现象和问题，要及时予以揭露，并向人大和国务院报告。特别是对造成国有资产大量流失的各类违法事件，要加大查处力度，对主观上故意、客观上造成国有资产流失的案件要配合有关部门坚决予以处理。审计机关对与国计民生有重大关系的国有企业、接受财政补贴较多或者亏损数额较大的国有企业，以及国务院和本级地方人民政府指定的其他国有企业，应当有计划地定期进行审计。审计机关对预算执行情况进行审计监督。对国有企业的经理离任等进行任期经济责任审计，对其任职期间的经营行为、企业财务状况及财务收支合法性和经营业绩实施监督检查。

审计署专司对企业监督的部门是经贸审计司和经济责任审计司，他们的主要职责分别是：负责审计国务院有关部门及其在京下属单位的财务收支；根据有关法律法规和国务院规定，配合国资委对国有重点大型企业进行审计监督，组织对其他国有企业的审计监督；组织对内部审计的指导和监督；开展专项审计和审计调查；指导中央直属企事业单位的经济责任审计工作等。

2. 监事会与审计监督的关系

（1）联系：根据监事会工作需要，可请审计部门派员参加监事会的综合性或专题性的监督检查工作；请审计部门提供对相关企业的审计资料和报告，介绍有关审计的情况和问题，并根据需要，提供审计方面的政策咨询和政策支持；根据被监督企业的情况，监事会可向省政府提出报告，建议责成审计机关对被监督企业进行综合性或专项审计；监事会应充分利用审计部门的审计结果。

（2）区别：监事会财务监督的途径是听取企业汇报，参加企业重要会议，与企业人员谈话、召开座谈会，查看生产经营现场，查阅分析会计资料财务报告及经营管理资料，与会计师事务所沟通等，再做出真实客观的评价。其特征是长期性、深入性和综合性。《国有企业监事会暂行条例》和《企业国有资产监督管理暂行条例》规定："国有资产监督管理机构依法对所出资企业财务进行监督，建立和完善国有资产保值增值指标体系，维护国有资产出资人的权益。"《审计法》规定："审计机关对国有企业的资产、负债、损益进行审计监督。"因此，监事会是对企业是否保值增值前因后果"状况"的检查监督，而审计部门是对具体财务内容的专项监督；监事会工作是常驻企业对企业进行经常性监督，而审计监督往往是不定期的甚至是风暴式的；另外，就财务监督而言，监事会工作倾向于帮助式解决问题，审计工作倾向于惩戒式展示问题。因此，监事会以财务监督为核心的监督不同于审计机关的审计监督。

（三）监事会监督与财政监督

1. 财政部门作为国有资产产权管理部门，专门负责国有资产管理和监督工作

财政部为适应改革的要求，于 2000 年 6 月对其内部机构进行

了较大调整，将分散在各业务司的财务管理职能和自查管理职能集中起来，专门设置了企业司，实行以国有资产管理为重点，以规范企业资产管理和财务管理行为为目的，逐步建立以出资人管理制度为中心的企业资产与财务管理新体系。国务院于 1997 年批转财政部的《关于加强国有企业财务监督的意见》指出，加强企业财务监督应遵循以下原则：政金职责分开，充分落实企业财务自主权，促进企业转换经营机制，建立现代企业制度；严肃财经纪律，依法实施财务监督，维护国有权益，防止国家收入流失；企业外部财务监督与企业内部财务约束相结合。

财政部的主要职责：拟订和执行财政、税收的发展战略、方针政策、中长期规划、改革方案及其他有关政策拟订和执行中央与地方、国家与企业的分配政策。编制年度中央预决算草案并组织执行；根据国家预算安排，确定财政税收收入计划；提出税种增减、科目税率调整、减免税和对中央财政影响较大的临时特案减免税的建议；拟订和执行国家与企业的分配政策，管理中央财政支持企业的支出；拟订并组织实施《企业财务通则》；负责监管中央直管企业财务，管理国有资本收益；汇总分析全国企业年度财务决算；负责资产评估行业的行政管理。办理和监督中央财政的经济发展支出、中央投资项目的财政拨款、中央财政投入的挖潜改造资金和新产品试制费；拟订并监督执行《企业财务通则》等。具体而言，财政部企业司的主要职能：参与国家与企业分配政策改革的研究；参与研究国家产业政策和企业改革政策；负责牵头制（修）订并组织实施《企业财务通则》；监交国有资产收益，并提出国有资产预算编制草案；负责监管中央国有企业财务（金融、军工、粮食、铁路等企业除外）；负责拟订境外企业和外商投资企业财务管理制度；负责中央财政直接拨付中央企业的亏损补贴、税收返还等支出项目的管理；参与国有企业的租赁、拍卖、兼并、破产、重组等有关政策的研究制定和实施；参与组建企业集团、实行股份制改革等工作，并制定相应的财务管理制度；负责资产评估行业的行政管理，联系和指导中国资产评估协会的工作；指导地方企业财政财务管理工作，归口管理补助地方的专项经费等。为加强财政部门会计监督，国家制定了《会计法》《企业会计准则》和《企业财务通则》等一系列会计准则，建立健全统一的会计制度，实行财政监察专员制度。

2. 两者关系

（1）联系：监事会对企业进行财务监督，主要依据有关的财务管理、会计制度法规，对相关问题提出相应的处理意见。财政部门提供相应的法律和政策咨询，负责有关财政、税收、会计制度及相关政策规定的解释；根据工作需要，可请财政部门派员参加监事会综合性或专项性的监督检查工作；与财政部门研究有关国有资产的确认、管理和监管方面的政策及事宜。

（2）区别：财政部的职责更多是对企业财务预决算、会计政策及其执行情况和有关宏观政策的研究制定等，监事会监督是以财务查账为核心，检查企业的会计信息质量和企业生产经营各方面的情况等，两者职责不同。

众所周知，审计监督、财政监督和监事会监督都属于国家监督的基本形式。国家审计监督主体是站在国民经济管理者的角度对国有资产的管理与营运进行的监督；财政监督主体是站在国有资产管理者的角度对国有资产的管理与营运实施的监督；外派监事会监督主体是站在国有资产所有者角度对国有资产的管理与运营实施的监督。另外，监事会作为出资人监督代表与财政部和审计署等政府部门对企业的监督，都是外部监督。出资人和政府部门是两大监督主体，都是在企业外部进行监管，但政府主要运用行政手段实施监督，而出资人则运用对于代理人的激励和约束手段。两者不同点主要表现如下。第一，依据不同。政府是依据行政权利对企业进行监督，包含了对其企业设立、经营、注销、调整等全过程的合法合规性监督，以营造公平、规范、诚信的市场环境。而出资人是依据产权进行监管。按照其出资额的不同，其监管的话语权亦不同。出资人监管的根据是产权关系。第二，内容不同。政府部门的监管主要是实施宏观调控，保证平等竞争，维护市场经济的正常秩序。而出资人监督的内容主要是履行股东职责。第三，对象不同。政府是对所有企业，不论其属性如何均进行监管，而出资人仅对其出资的企业进行监督。

（四）监事会监督与社会监督

1. 社会监督

国有资产社会监督是指社会中介监督机构和商业银行对国有

企业实施的监督。社会中介监督机构是监督国有资产营运的最主要的力量,它主要是会计师事务所的监督。会计师事务所对国有企业所进行的监督,是以接受委托的方式,对委托人提供审计、验资、咨询服务等,并就被监督单位的财务状况、经营成果及国有资产保值增值情况等向委托人提出报告。商业银行对国有企业的监督主要是站在债权人立场上进行的。它不仅要对债务重组的具体运作过程实施监督,而且还要对影响银行债权的资产评估、产权界定等重要环节实施监督。本文仅对会计师事务所作为社会监督进行论述。会计师事务所对企业的社会监督是以其特有的中介性和公证性而得到法律的认可,具有很强的权威性、公证性。

2. 两者关系

(1) 联系:国家监督、社会监督和单位内部会计监督共同构成完整的会计监督体系,三者缺一不可。监事会监督属于国家监督;会计师事务所审计属于社会监督。他们是维护社会经济秩序的重要手段和形式;国家监督和社会监督都是从单位外部进行的,相对于单位内部会计监督而言,它是一种外部监督。由于监事会监督和社会监督是以其特有的中介性和公正性所进行的监督,上述两种监督形式及其结果得到法律认可,具有很强的权威性、公正性,可以有效地保证各单位的经济活动依法有序地进行,并可弥补单位内部会计监督存在的种种不足,或者说国家监督和社会监督是对单位内部会计监督的一种再监督。注册会计师的审计报告是监事会工作的重要信息来源。监事会应当有效利用会计师事务所的工作成果将监事会关注的内容与会计师事务所的工作有机结合，使中介审计的成果为监事会所用，有利于减少企业的重复工作，突出监事会的工作重点，提高监管效率。监事会查阅会计师事务所出具的企业年度审计报告、专门审计报告和评估报告，利用其工作成果，了解掌握被监督企业财务会计方面存在的问题。

（2）区别：第一，独立性不同。注册会计师审计具有客观性、公允性，其提供的是有偿服务，由企业经营者付费，这种利益关系影响了审计业务的独立性。监事会代表出资人，独立于经营者，这种制度设计决定了监事会充分独立，保障监督检查职责的履行。第二，目的不同。注册会计师审计是对被审计单位的会计报表的合法性、公允性和一贯性发表意见，注重对财务报告的鉴证作用。监事会从所有者的角度出发，查找并发现问题，使企业完善并有效执行内控制度，规避风险。第三，工作手段不同。注册会计师审计通过核查财务报表和会计账薄、调阅会计凭证、进行分析性复核、应用符合性测试和实质性测试评估控制风险等手段进行报表审计，需要企业经营者提供详尽真实的资料。如果后者拒绝配合，则审计范围受限；监事会由国资委代国务院派出，高度的权威性保障监督检查工作有序开展。

综上所述，国有企业除了要接受监事会的监督检查外，每年还要接受财政、审计、银行、会计师事务所等有关方面地监督检查。这些监督检查各有自己的侧重点，同时又相互印证。因此，监事会对企业的监督检查是综合性的，应当充分借鉴上述各方面的检查成果。所以，与有关方面建立和保持良好的工作联系，就监督检查中重点关注的问题，与他们沟通情况、交换意见，能更加全面准确地了解和掌握企业的情况，减少对企业的重复检查，提高监督检查的质量和效率。

二、监事会监督与出资人监管的关系

按照《企业国有资产监督管理暂行条例》规定，明确了国资监管机构的主要工作，即管人、管事、管资产和监督四个方面。党的十四届三中全会提出要积极探索国有资产管理和经营的形式和途径。十五届四中全会提出要建立权责明确的国有资产管理、监督和运营体系。十六届三中全会提出要积极探索国有资产监管和经营的有效形式。因此，在出资人到位的情况下，监事会监督一定要和企业国有资产的管理、运营紧密结合，建立协同机制，形成监督合力，才能不断提高国有资产的运行质量，确保国有资产保值增值。

（一）监事会监督与财务监管

1. 国资委财务监督管理

按照《企业国有资产监督管理暂行条例》规定，国有资产监督管理机构依法对所出资企业财务进行监督，建立和完善国有资产保值增值指标体系，维护国有资产出资人的权益。具体来讲，统计评价局的主要职责：负责国有资产的统计和所监管企业财务决算备案工作，建立国有资本金统计信息网络，根据有关规定对外发布统计信息；建立和完善国有资产保值增值考核办法，拟订考核标准；建立和完善企业绩效评价体系并负责组织实施；拟订国有企业清产核资的政策及制度、办法，组织所监管企业清产核资工作；按照国家有关规定，负责所监管企业资产损失核销工作。在国资委成立以后，统计评价局陆续出台有关财务监管的规定，如《企业国有资产统计报告办法（2004.02.12）》《中央企业财务预算管理暂行办法（2007.05.25）》《国有企业清产核资办法（2003.09.09）》《企业国有资产评估管理暂行办法（2005.08.25）》《关于印发〈中央企业财务决算审计工作规则〉的通知（2004.08.05）》等。财务决算管理是国资委依法履行财务监督职责的重要手段。建立和完善了企业财务决算审核制度，细化审核标准，严格审核要求，并将审核发现的问题及时反馈企业，对于财务决算编报存在严重质量问题的企业，要限期重报。进一步完善财务决算批复确认制度，根据审核结果，对企业年度财务状况和经营成果进行确认，对企业财务管理中存在的问题提出整改或改进意见；对于经营成果严重不实的，将不予确认。逐步建立总会计师述职制度，将根据财务监督工作需要，选择部分财务基础管理薄弱、生产经营或经济效益波动较大、财务状况异常、存在较大财务风险的企业，要求企业总会计师结合财务决算管理工作，汇报企业财务状况和财务管理工作开展情况。进一步完善企业财务决算报告质量评估制度，依据审计报告和审核结果，按照统一的质量评定标准，对财务决算管理工作成绩突出的企业给予表彰；对财务决算管理水平低、编报质量存在严重问题的企业进行通报批评，并由国资委组织开展专项审计调查；对财务决算审计不符合规定、存在严重质量问题的中介机构将给予警示或准入限制。

2. 关系

根据《关于印发〈中央企业财务决算审计工作规则〉的通知（2004.08.05）》（国资发评价〔2004〕173号）第三十九条规定：国资委通过企业年度财务决算审核和监事会稽核等工作制度，对企业年度财务决算审计质量进行监督。包括三项：一是规范会计师事务所选聘工作，严格审核会计师事务所资质，控制聘请会计师事务所数量，并按照规定及时将选聘结果报国资委备案；二是指定专门机构和人员负责审计协调工作，加强企业内部相关业务部门、所属各级子企业之间以及与会计师事务所的沟通和协调，及时提供审计所需相关材料；三是认真做好财务决算内部审计工作，对经报备同意采用内部审计方式审计的，要严格按照财务决算审计相关工作要求实施审计，切实履行审计程序，发表恰当的审计意见，并按照规定的内容和格式出具审计报告；四是做好企业及各级子企业审计意见调整工作，对审计意见或审计结论存有异议未进行调整的，应当在年度财务决算报告中说明，存在较大分歧的，应当向国资委提交专项说明报告。

（二）监事会监督与国有产权监管

1. 国有资产产权监督包括国有资产投入监督、产权处置监督和自查收益监督

按照《企业国有资产监督管理暂行条例》规定，国有资产监督管理机构应当建立企业国有资产产权交易监督管理制度，加强企业国有资产产权交易的监督管理，促进企业国有资产的合理流动，防止企业国有资产流失。《企业国有产权转让管理暂行办法（2003.12.31）》规定："国有资产监督管理机构对企业国有产权转让履行下列监管职责：（一）按照国家有关法律、行政法规的规定，制定企业国有产权交易监管制度和办法；（二）决定或者批准所出资企业国有产权转让事项，研究、审议重大产权转让事项并报本级人民政府批准；（三）选择确定从事企业国有产权交易活动的产权交易机构；（四）负责企业国有产权交易情况的监督检查工作；（五）负责企业国有产权转让信息的收集、汇总、分析和上报工作等。"

2. 关系

监事会在监督检查过程中，对国有产权有关问题的政策把握和发现企业在国有产权划转、处置和交易等环节中存在违法违纪现象时，应和产权管理局及时沟通，寻求协助。

（三）监事会监督与业绩考核监管

1. 国资监管机构对企业负责人实行任期制和契约化管理

根据《中央企业负责人经营业绩考核暂行办法（2003.11.25）》

规定：国资委负责组织实施对国务院确定的由国资委履行出资人职责的国有及国有控股企业负责人的业绩考核。考核的基本形式是实行年度经营业绩考核和任期经营业绩考核相结合，年度考核结果为任期考核的重要组成部分。重点考核企业负责人对企业的持续发展能力、核心竞争能力和资产效益质量状况等方面的业绩。具体负责企业业绩考核工作的业绩考核局的主要职责是：拟订并组织落实国有资产经营责任制度，研究和完善授权经营制度并对授权企业进行监督，研究提出业绩合同等企业资产保值增值目标管理的方法并组织实施；综合研究国有经济和重点企业的运行状况；根据各方面对所监管企业的评价意见，综合考核所监管企业的经营业绩；研究提出重大决策责任追究的意见和措施。

2. 关系

①根据《中央企业负责人经营业绩考核暂行办法（2003.11.25)》规定，国资委业绩考核部门对年度经营业绩责任书完成情况和任期经营业绩责任书完成情况进行考核。考核期末，企业负责人对任期经营业绩考核目标的完成情况进行总结分析，并将总结分析报告报送国资委，同时抄送派驻本企业的国有重点大型企业监事会。国资委依据任期内经审计并经审核的企业财务决算报告和经审查的统计数据，结合企业负责人任期经营业绩总结分析报告并听取监事会对企业负责人的任期评价意见，对企业负责人任期经营业绩考核目标的完成情况进行综合考核，形成企业负责人任期经营业绩考核与奖惩意见。②监事会积极参与国资委相关部

门组织的企业绩效评价工作，对经济责任审计报告认真地发表意见和提出建议。

（四）监事会监督与人事监管

按照《企业国有资产监督管理暂行条例》第十六条规定："国有资产监督管理机构应当建立健全适应现代企业制度要求的企业负责人的选用机制和激励约束机制。国有资产监督管理机构依照有关规定，任免或者建议任免所出资企业的企业负责人：（一）任免国有独资企业的总经理、副总经理、总会计师及其他企业负责人；（二）任免国有独资公司的董事长、副董事长、董事，并向其提出总经理、副总经理、总会计师等的任免建议；（三）依照公司章程，提出向国有控股的公司派出的董事、监事人选，推荐国有控股的公司的董事长、副董事长和监事会主席人选，并向其提出总经理、副总经理、总会计师人选的建议；（四）依照公司章程，提出向国有参股的公司派出的董事、监事人选。"

按照《企业国有资产监督管理暂行条例》规定，在管人方面，即企业负责人管理的工作主要有：建立健全适应现代企业制度要求的企业负责人的选用机制和激励约束机制；依照有关规定，任免企业负责人；建立企业负责人经营业绩考核制度；依照有关规定，确定所出资企业中的国有独资企业、国有独资公司的企业负责人的薪酬；依据考核结果，决定其向所出资企业派出的企业负责人的奖惩。

国资委企业领导人员管理一局、二局的主要职责是根据有关规定，承担对所监管企业领导人员的考察工作并提出任免建议；考察推荐董事、监事及独立董事人选；探索符合社会主义市场经济体制和现代企业制度要求的企业领导人员考核、评价和选任方式；研究拟订向国有控股和参股公司派出国有股权代表的工作方案。

三、监事会监督与企业的关系

（一）坚持不参与、不干预

按照《企业国有资产监督管理暂行条例》第三十四条规定："国务院国有资产监督管理机构代表国务院向其所出资企业中的国有独资企业、国有独资公司派出监事会。监事会属于外派性质，原由国务院派出，现由国资委代表国务院派出，检查结果直接向国务院或国资委报告。"根据《企业国有资产监督管理暂行条例》第十条规定，所出资企业及其投资设立的企业，享有有关法律、行政法规规定的企业经营自主权。可见，国有资产监督管理机构应当支持企业依法自主经营，除履行出资人职责以外，不得干预企业的生产经营活动。可见，监事会作为出资人监督代表，与企业是监督与被监督的关系，因此，监事会自成立之时制定并始终贯彻执行的"六要六不"行为规范，特别是"不参与、不干预企业的经营决策和经营管理活动"，是监事会有效履行监督职责的重要保证，因为监事会监督检查所需经费由国家财政拨付，与企业没有经济利益关系，不受被监督者利益的驱使。这种制度安排体现了出资人监督的性质，保证了监事会独立行使监督职权，公正开展检查工作，客观报告企业情况，既维护了国有资产所有者权益，又保护了企业依法享有的经营自主权。

监事会与国有企业监督与被监督的关系，是缘于国有资产市场化运作而出现的国有资产所有权和经营权的分离。国有企业经营者受国家委托，在市场化的环境中经营国有资产，增强和扩大国有资产的权益，实现国有资产的保值增值；监事会则受国家委托，监督企业国有资产的经营，防止国有资产流失，维护资产所有者的权益。国有资产的安全和保值增值是监事会工作和国有企业经营管理的共同目标。

在目前实行的监事会监督中，应处理好当期监督与"不参与、不干预"的关系。"决策、执行、监督"，三者职能之间没有交集或重叠，权责边界是清晰的。监督既不能缺位，也不能越位。作为监督者，如果参与、干预企业经营决策和经营管理活动，替代决策或执行的职能，就是越位，就会带来责任不清的问题。关于不参与不干预，从稽察特派员制度过渡到监事会，一直执行得比较好。《条例》和《若干意见》对不参与、不干预都有明确规定，其核心就是对企业经营决策和经营管理活动不直接发表肯定或否定的意见。实行监事会监督，要求监事会及时了解、掌握和跟踪企业重要经营管理活动，关注企业重大决策及其程序的合法、合规性。如在列席企业会议时，必要的询问、了解情况，以多种方式与企业交换意见，这些都不属于"参与、干预"。检查中发现的重要紧急情况，可以专项报告形式向出资人报告。

（二）坚持依法调整监督方式

自《国有企业监事会暂行条例》颁布至 2007 年，监事会的监督是以财务监督为核心，基本实行的是事后监督方式，即当年检查上年。由于监事会的威慑作用，事后监督具有一定的预防功能，也取得了一定的效果。但毕竟时间上晚了一拍，不能有效地防患于未然。尤其是在新的国有资产管理体制下，很难适应和满足出资人及时从监事会了解、掌握企业真实情况的需要。为了适应国有资产管理体制改革和国有企业改革发展的新要求，在认真总结监事会工作实践基础上，2006 年底，出台《关于加强和改进国有企业监事会工作的若干意见》，其核心是自 2007 年开始，实行监事会监督。通过实现监事会工作方式方法的转变，强化监督，提高监督的时效性和灵敏性。

依法调整监督方式的必要性和意义体现在以下几点。第一，加强监事会监督是完善监事会监督职责的客观需要。《国有企业监事会暂行条例》规定监事会以财务监督为核心的监督检查与加强监事会监督的要求都属于对国有企业监督检查的范畴，它们本来是一个统一体，只是由于不同阶段的需要，从不同角度提出来并以不同的定位把它们分别界定在监督检查不同的层面而已。就它们本身来说，不仅可以共处和统一，而且是可以相互渗透的。事实上多年来监事会的监督检查报告中评价的不少内容，也属于监事会监督的范畴。同样，监事会监督也没有排斥以财务为核心的监督检查，只是把监督的方位前移，明确监督的方式方法做必要调整，以适应现阶段对国有企业监督的需要，同时将其与以财务检查为核心的监督结合起来，本质上两者是不可分割的，只不过前者是在一定阶段条件下产生的法规性文本，后者又是在新形势下产生的部门规章性文本。从系统性来讲，两者相加才是完整的监督。因此，加强监事会监督是对贯彻《条例》实施以财务为核心的监督检查的完善与发展，是监事会监督职责的延伸与提升，是自身完善的客观需要。第二，加强监事会监督是国有资产管理体制改革和国有企业改革的需要。随着国有资产管理体制的改革，出资人职责逐渐到位，出资人的定位既要履行出资人的权益与义务，又要对国有资产实施管理与监督，确保国有资本保值增值。监事会是实施国有资产监督的重要组成部分，是出资人实施监督的重要形式。出资人要承担资产经营的责任与风险，因而不仅要对国有企业的财务状况进行关注和检查，更要关注经营过程中的风险，防止资产流失与损失。这就自然不能停留在以财务为核心的，尤其是只对上一年度为主的检查上，必然要加强监事会监督。虽然，对上一年度的以财务为核心的监督检查很重要，但就当前来说，监事会监督应该更为重要。因为经营过程的事中和经营结果的事后两个不同的时点相比，经营过程中存在的风险与可能发生的问题，无论从可能发生问题的频率还是风险的程度，都必然会大得多。投资、融资、股改、大额资金使用与担保等带来的风险与决策失误，造成的国有资产的流失，往往在经营过程中和交易过程中发生，如果过程中的监督真正实现了，漏洞堵塞了，风险遏制了，到了查账的时候问题肯定少得多。所以，监事会监督是在国有资产管理体制改革不断深化的基础上提出来的。从国有企业的体制改革和经营方式变化来看，不少国有企业的组织形式和经营管理方式的改变，必然要求监督方式与方法也要改变。随着管理体制类型增多，决策的层次就相应增多；经营合作渠道增多，可能造成的流失损失的口子也相应增多；改制重组后股权关系交叉增多，关联交易肯定增多；对外贸易关系增多，资金出入的通道必然增多；融资筹资数量增多，潜在风险也会增多。总之，资产流出流入的门多了，有可能造成国有资产流失与损失即风险的威胁就比以前多了，如果仍只盯住查财务账这道门，而经营过程中的那么多的门没人站岗，监督不前移，那么监督队伍的方位就不在重点线上。事实已经证明，近几年发生的很多大案要案多数不是从账上查出来的，这就说明：情况变了，监督的方位、形式都得跟着变。所以，改变监督的方式方法和监督前移不是主观臆想，而是客观的要求。第三，加强监事会监督是监事会工作与时俱进，适应已经变化了的新情况的积极举措。被监督的主体——国有企业的体制和经营方式已经和正在发生变化，那么监督一方的职责应根据被监督一方的变化对自己的监督职能以及监督方位与方式做出相应的调整。因为监督与被监督是因果关系，被监督方的管理体制和经营方式变化了，如果监督方不变，监督就会缺乏针对性。首先肯定《条例》是外派监事会的一面旗帜，是监事会的立足之本，经过多年的实践，在监督国有企业并保护国有企业资产安全、防止资产流失方面发挥了十分重要的作用。因此，加强监事会监督，也是在维护《条例》的前提下进行的。但是，在社会实践中，人们不仅要服从法律法规，还必须服从实践，即服从国有企业改革发展的实践需要，包括《条例》也要在实践中发展。《若干意见》正是反映了实际发展的需要，既代表了监事会职能与时俱进的要求，又不轻易替代《条例》的核心内容，让两者共存在同一目标上，共处在结合点上，在不同点上的探索，不搞争论，由实践去不断完善与发展，这是找到了一种既结合又共存，重在实践中探索与完善的途径。回顾监事会制度走过的历程，它是在特派员制度基础上完善与发展起来的，主要职责以财务监督为核心，以查出大案要案为主线，目的明确，针对性强，很有威慑力，也很有生命力。但现在客观上大案要案减少了，作案的方式和途径也不同了。在这种状况下，如果监事会仍然用主要精力查过去的账，往往更多地只是查出一些核算不规范、内部抵销不充分、多计成本、少计利润或财务制度执行不严格等雷同问题，当然对促进企业管理水平的提高、确保国有资本保值增值仍有较大作用，但是，如果只停留在这种检查的层面上，已经不合时宜，针对性已不是很强，威慑力也将逐渐下降，容易被其他的监督检查方式所替代。因此，要有威，必须有为，把监督视线和监督方位前移，以加强监事会监督为指导，找准定位，重造与开辟针对性强、效果显著的、有威慑力的、新的监督职责，使外派监事会增强新的生命力，这是监事会制度创新发展的需要。

所以，综上所述，加强监事会监督是国有资产管理体制改革和国有企业深化改革的需要，也是监事会自身生存与发展的需要。①

（三）坚持促进企业科学发展

监事会既是由国资委代表国务院派出，向国资委和国务院报告，对国资委负责的监督机构，又是企业法人治理结构的一部分。从资产保值增值的角度出发，监事会与企业的目标是一致的。监督与被监督的关系更多地体现为服务与被服务的关系，更多地体现"监帮并举，共谋发展"的关系。监事会在监督检查工作中敢于说话、提出质询或建议，同时监事会与企业要建立双向沟通制度，为企业改革发展创造良好的工作氛围。以尽可能消除企业畏惧心理和抵触情绪，取得企业上下的理解、信任、支持、配合，为完成监督检查工作奠定了基础。

从健全公司法人治理结构要求来看，明确监事会和董事会、经理层同属于现代企业法人治理结构的重要组成部分，工作内容不同，目标一致，都是为了将国有企业做大做强，保障国有资产保值增值。按照《公司法》规定，监事会是根据权利制衡原理专门设置来代表股东对经营者的行为进行监督的监督机关。监事会是出资者监督权的主体，出资者监督权是出资者所有权的延伸，

①乔龙德：《对加强监事会监督的认识、初步实践及有关问题的探讨》。

监事会代表出资者对公司经营管理进行监督，在监督过程中随时要求董事会和经理人纠正违反《公司章程》的行为，并向股东会报告监督情况，为出资者行使重大决策权提供必要的信息。新修订的公司法强化了监事会监督职能，扩大了监事会的权利。监事会监督检查报告中提出了许多改进企业经营管理、规范企业行为的规章制度等方面的建议，其中一些得到了国务院领导和国资委领导的重视，批示有关部门研究和解决。为提高监督效能，监事会还就检查出的需企业自行纠正的问题，与企业交换意见，提醒和督促企业完善制度、加强管理、防范风险，受到企业的肯定与欢迎。不少企业借助监事会监督检查契机，自查自纠，堵塞漏洞。部分企业还参照监事会的做法，向所属企业派出了自己的监事会。应该讲，中央企业这几年取得的成绩和进步与监事会的工作是密不可分的。

四、监事会监督与事前、事中、事后监督的关系

（一）监事会监督是全过程监督

1. 自《关于加强和改进国有企业监事会工作的若干意见》公布后，将监督检查关口前移，将事后监督扩展为包括"事前、事中、事后"在内的全程监督

监事会通过列席企业重要会议，参与投资决策及经营管理过程的监督，不定期与企业交换意见，及时向国资委和国务院有关部门反馈信息等形式，开展监事会监督，弥补了事后监督的不足，

提高了监督检查的时效性，起到了"防患于未然"的作用。

一是以重大决策为重点开展事前监督，规范企业决策行为。一方面，通过检查企业规章制度执行情况和列席决策会议，对企业决策程序和重大决策过程进行审查和监督，确保企业重大决策的合法性和合规性。另一方面，通过对有关决策项目的提前介入和调研论证，从监督的角度对重大决策事项存在的风险和不确定因素进行分析，实事求是做出判断，向企业决策层提出独立意见和建议，指出存在的问题，力求重大决策的科学合理。如有的监事会办事处对企业贷款担保、投资项目、大额资产转让、下属企业借款等重大决策事项都专门召开监事会会议进行研究，提出意见建议供企业决策时参考，防范了财务和投资风险，避免了国有资产损失。事前监督要求监事会在企业董事会或经理层酝酿和决策重大事项的过程中就参与和了解，如监事会主席通过与董事长的事先沟通、参加主要领导的碰头会等方式，掌握重大决策的全过程，并根据分析判断进行事先的警示或提示。

二是以重大经营活动为重点开展事中监督，规范企业经营行为。监事会注重围绕企业生产和经营管理活动开展监督检查，紧扣中心工作，选准切入点和突破口，确定检查目标和检查方案，有选择地对企业重大项目投资、重点工程建设、招标投标工作等经营活动进行专项检查，深入了解情况，发现违规行为，及时提出纠正意见和建议，建立健全规章制度，堵塞管理漏洞，促进规范经营。例如，有的企业在实施重大工程项目建设，需要进行大量涉及金额巨大的工程招投标工作，有的企业经营管理中也涉及大量的原材料和设备采购。如果管理制度不规范，监督工作不到位，很容易形成漏洞和发生违纪违法问题，造成国有资产流失。针对这一情况，一些企业监事会牵头组织招标工作监督小组，对招标工作进行同步监督和定期检查，确保招标工作依法依规开展。事中监督要求监事会监督贯穿于企业经常决策和运行的全过程，监事会根据企业的实际，紧紧围绕企业改革和发展中的重大问题、重要事项进行监督。

三是以通过监督发现的问题和重大风险隐患的整改为重点开展事后监督，避免和挽回国有资产损失。监事会对企业财务运作、投资担保、经营效益、资产运营、利润和薪酬分配等重点问题进行监督，发现问题及时提出预警建议，保证财务状况真实性、财务信息准确性和资金运作规范性。对企业审计中发现的财务隐患，提出整改意见，督促企业进行整改。重点分析和复核年审报告中披露的重大事项和问题，对受审计手段限制难以查清的问题，进行重点检查，采取积极措施，挽回国有资产损失，对相关人员进行责任追究。事后监督是在日常监督的基础上，通过与审计机构联络等方式，加强对财务决算及审计整改情况的监督。

2. 关系

要把监事会监督与事前、事中、事后监督有机结合起来。实行监事会监督，重要的一条就是要体现监督的时效性、有效性和灵敏性，做到事前对企业重大决策的合规性、合法性和科学性进行监督，事中对企业决策执行及内控制度实施情况进行监督，事后对检查发现的问题，在企业层面切实得到整改。具体包括以下几点。一是重点联系人制度。每户派驻企业明确专职监事作为重点联系人，常驻企业进行事前、事中监督，具体承担监事会与企业的日常联系、搜集分析企业信息、列席企业有关会议等职责。二是财务分析制度。专职监事每个月都要在收集会计报表和有关重大事项资料基础上，对企业当月的大额资金流向及财务状况进行分析，并提出风险防范点和异常点；监事会每个季度都要向省国资委报送一份派驻企业季度经营财务分析报告，遇有特殊情况及时报告。三是联网监控制度。监事会在日常监督检查中，通过实现派驻企业集团公司的财务系统与监事会电脑联网，实时查看企业会计账薄和记账凭证，跟踪其大额资金流向、重要财务事项处理等动态情况，预防和提醒企业会计差错，帮助企业提高财务会计核算水平，实现对企业的事中监督、实时监督、动态监督。四是信息沟通制度。监事会及时将日常监督中掌握的企业有关情况，通过专项报告和情况报告等形式上报领导；对日常监管中发现企业对外投资等方面的问题，及时与企业进行沟通。

（二）监事会监督在不同阶段有不同监督重点

从 1998 年 7 月到 2003 年 3 月，稽察特派员和中共中央企业工作委员会设立期间，根据《国务院稽察特派员条例》和《国有企业监事会暂行条例》规定，监事会由国务院派出，代表国家对国有重点大型企业的国有资产保值增值状况等实施监督。监事会监督检查的重点内容，根据《条例》规定，就是以财务监督为核心，一是验证企业财务会计报告的真实性、合法性；二是检查企业国有资产保值增值和资产运营情况；三是对企业负责人的经营管理行为进行评价。当年检查企业上年情况，基本实行的是事后监督方式。检查范围是全面检查，基本覆盖了对企业需要重点关注的方方面面，包括检查企业经营各方面的合法合规性、财务真实性、国有资产的保值增值情况，评价企业负责人经营行为等企业管理运行的方方面面。

2003 年 3 月以来，国务院国有资产监督管理委员会成立，国务院授权国资委代表国家履行出资人职责，监事会作为出资人监督代表。在新的国有资产管理体制下，原来的监事会工作方式和重点很难适应和满足出资人及时从监事会了解、掌握企业真实情况的需要。并且，为了适应变化了的新形势，树立企业良好的社会形象，提高信誉，增强市场竞争力，国有企业普遍开始注重和加强战略管理、营销管理、物资管理、生产管理、财务管理、人力资源管理、技术创新管理等，广泛开展国内国外各种形式的合资合作，引进和实行国际上一些新的先进的管理理念和管理方法，企业管理的科学化和规范化水平正在不断提高。客观环境的变化对监事会坚持以财务监督为核心的检查工作提出了新的更高的要求；再加上国务院领导及国资委对监事会在国有企业改革发展共性问题研究方面，有较高期望。于是 2006 年底，《关于加强和改进国有企业监事会工作的若干意见》出台，对完善监事会职责、改进监督方法提出了新要求。监事会每年会按照出资人关注的企业领导人员选用、收入分配、高风险业务投资等重大事项作为重点检查内容，进行实时调整监督重点和内容。实施监事会监督，主要体现在"四个转变"：一是由事后监督为主，转变为监事会监督，把集中检查与日常监督结合起来，提高监督时效。二是在坚持以企业财务监督为核心的同时，向以企业财务监督与企业经营管理、重大决策监督并重转变。三是按照企业地位作用、资产规模和管理状况分类，由对企业的全面监督，转变为分类监督，加强对重点企业的监督检查。按照《监事会分类监督工作实施办法》，对重点监督企业集中力量先行检查，在检查时间和检查范围上予以保证。每个重点监督企业集中检查时间不少于两个月，主要子企业和经营实体应纳入检查范围。对常规监督企业在保持监督连续性和有效性的基础上，集中检查可适当简化，侧重利用会计师事务所审计力量和工作成果。对董事会试点企业，将董事会和经理层履行职责情况作为监督重点，加强对决策过程、决策执行和重要经营管理活动的监督。四是由全面查账，转变为监事会对企业的财务检查与会计师事务所对企业年报审计结合起来，监事会重点分析、复核审计报告披露的重大事项和问题。有关规定详见《监事会利用会计师事务所审计结果实施办法》。

（三）监事会监督既强调及时更注重有效

国务院 2006 年第 149 次常务会议指出："监事会要进一步完善监督职责，改进监督工作方法，不断增强监督的权威性和有效性，促进中央企业深化改革，规范管理，防范风险，确保国有资产保值增值。"李荣融主任曾提出："监事会工作要做到有效、灵敏，队伍建设要做到业务精湛、纪律严明的要求。"国务院领导及李荣融同志的指示，既是对监事会的鞭策，也是为监事会指明了工作方向。增强监督的权威性和有效性，就是要发挥监事会监督的特点和优势，特别是可以通过与企业进行适度沟通后增强监督的灵敏性，有利于推进企业改革。

及时性就是快速和灵敏。指的是监事会的反应速度。这一点是监事会主要区别于国资委职能司局的不同，也是更好地体现监事会重要作用的一点。就是因为监事会特别是实行重点联系人制度以来，重点联系人常驻企业，关心企业各个方面的发展，掌握企业第一手资料，能够在第一时间清晰判断，发现问题，快速反应。特别是对危及国有资产安全的重大问题，保持高度的敏感度和洞察力。更好地为出资人了解企业真实情况提供帮助，使出资人的判断更加全面和客观。这样可以使出资人在准确履行其权利时更加科学、有效，作出的决策更加合理和准确。同时，也要求重点联系人要反应敏锐，汇报及时，建议可行。建立快速反应机制。检查中发现企业存在可能危及国有资产安全的经营行为、重大决策不合规、生产经营中的重大风险，以及监事会认为应当立即报告的其他情况，及时提交专项报告。2007年，中央管理主要负责人企业的报告绝大多数于6月底之前提交，国资委管理领导班子企业的报告到8月底基本完成，报告总体提交时间比上年提前了两个月，2007 年 12 月，向国务院常务会议汇报了对中央企业监督检查情况，实现了对总理承诺的当年汇报上年情况的目标。

"有效性"包括有效果和有效率两层含义。即监事会的监督检查方式和方法应能达到监督的目的，产生监督的效果，而且是高效率的。要做到高效率，就必须充分利用会计师事务所、企业内部审计等多方面的力量和成果，整合各种监督资源，形成监督合力。2007 年，监事会在坚持不参与、不干预企业经营决策和经营管理活动的前提下，就集中检查和日常监督中发现的需要企业自行纠正的问题，与企业交换意见。许多办事处积极探索交换意见的形式，全年由监事会主席签发《监事会提醒函》等书面函件 85 份，及时向企业负责人进行提示。多数企业认为，监事会提供的情况及时，揭示的问题准确，对企业完善制度、强化管理、堵塞漏洞、防范风险，发挥了重要促进作用。并且，与会计师事务所的沟通进一步加强。各办事处注重日常与会计师事务所的沟通协调，将监事会监督中发现的问题，提请事务所审计时予以关注，有效利用其审计力量。同时，注意跟踪、分析复核上年审计中披露的重大事项和问题，有甄别地参考和利用其审计结果，监督效率明显提高。另外，有效性还表现在与国资委的中心工作进一步结合。将出资人关心关注的问题纳入监事会工作重点，出资人监督作用进一步显现。

五、监事会监督需要处理的五种内部关系

（一）日常监督与集中检查

1. 日常监督

（1）特点：要充分发挥监事会现场监督的特点和优势，增强监督的灵敏性。

（2）方式：主要通过列席企业有关会议，听取有关工作汇报，分析企业月度财务快报，查阅企业生产经营相关资料，访谈座谈等。

（3）内容：随时跟踪了解企业重要经营管理活动，掌握企业会计报表重要项目增减变动及重大异常变化，关注企业重大决策及其程序的合法性、合规性，加强对出资人关注的重大事项和企业执行国有资产监管有关政策规定情况的监督，对企业内控制度及执行情况进行评估。

（4）范围：日常监督的范围不局限于企业总部，重要子企业也应纳入日常监督范围。

2. 集中检查

（1）特点：事后检查，定期检查。

（2）方式：以财务监督为核心，将财务检查与会计师事务所的年度决算审计结合起来。

（3）内容：企业经营各方面的合法合规性，财务真实性，国

有资产的保值增值情况，评价企业负责人经营行为等企业管理运行的方方面面。

（4）范围：包括企业总部和重要子企业。

3．日常监督与集中检查的关系

日常监督是集中检查的基础，为集中检查做准备；在开展集中检查的同时要兼顾日常监督；日常监督与集中检查不能相互替代。在监事会监督中，以日常监督为基础，制订集中检查方案，明确检查重点，开展集中检查工作。通过加强日常监督，全面了解企业情况，掌握企业真实动态，分析企业存在的问题，确定检查的重点事项和重要子公司。增强监督的灵敏性，善于发现问题，认真进行核查，检查结果要经得起检验。集中检查要根据日常监督情况，对发现的问题线索进行梳理，结合企业向监事会报送的年度工作报告，综合分析企业总体运营情况，参考和利用会计师事务所和企业内审的审计结果，据以制订集中检查方案，明确检查重点，组织实施集中检查工作。集中检查应与企业年度财务决算审计同步进行，检查重点与报告内容相衔接。

（二）重点监督企业检查与常规监督企业检查

1．重点监督企业检查

（1）划分标准：根据中央企业地位作用、资产规模和管理状况等，将企业划分为重点监督企业与常规监督企业。重点监督企业的确定主要考虑以下因素：一是资产规模较大和在重要行业中处于主导地位的企业；二是经营管理不规范，存在重大风险或问题较多的企业；三是资产效益状况、会计信息质量较差的企业。重点监督企业实行动态调整。

（2）检查安排：主要的子企业和经营实体应列入检查范围，监事会任期内至少检查一遍；集中主要力量，深入开展实地检查；每年集中检查时间不少于两个月。对重点监督企业的集中检查在检查范围、检查力量、检查时间上予以重点保证。年度报告内容：重点监督企业年度监督检查报告，按照修改后的《监事会监督检查报告编报办法》要求撰写，主要内容包括："（一）企业概况：简要说明企业的行业归属、主营业务、组织结构、法定代表人及员工情况。（二）经营管理评价：评价会计师事务所审计质量和企业会计信息质量；分析企业经营业绩、管理水平和内控制度的有效性，反映企业执行国有资产监管有关政策规定情况，关注企业持续发展能力和潜在风险。（三）重大事项揭示及处理意见：揭示涉及国有资产安全和企业及其负责人违法违规的重大问题，监事会主席认为需揭示的其他问题，以及以前年度报告反映但尚未得到落实处理的重大问题，并提出明确处理意见。（四）企业主要负责人业绩评价及奖惩任免建议：结合企业重大决策行为和经营管理改革举措实施效果，对企业领导班子做出总体评价，对企业主要负责人进行个别评价并提出明确的奖惩、任免建议，对领导班子和个人存在的问题及不足应如实反映。"

2. 常规监督企业检查

（1）检查安排：对常规监督企业的集中检查适当简化，充分发挥重点联系人作用，侧重利用会计师事务所审计力量和工作成果。在监事会任期内要开展一次较为深入的集中检查，按重点监督企业年度报告要求提交一份年度报告。

（2）常规监督企业的年度报告，适当简化内容，主要包括企业资产和效益的真实性、事关国有资产安全的重大事项和主要负责人业绩评价及任免建议，重点反映检查发现的问题。监事会任期内按重点监督企业年度报告要求提交一份年度报告。

3. 两者关系

（1）相同点：重点监督企业与常规监督企业的日常监督和财务检查，均按照《监事会当期监督工作实施办法（试行）》《监事会利用会计师事务所审计结果实施办法（试行）》的要求开展。

（2）不同点：对重点监督企业与常规监督企业监督的不同要求主要体现在集中检查、监督力量安排和报告内容上。对重点监督企业集中力量先行检查，在人力和时间安排上给予重点保证，每年集中检查时间不少于两个月，主要子企业和经营实体应列入检查范围，在监事会任期内至少检查一遍。对常规监督企业的集中检查适当简化，充分发挥重点联系人作用，侧重利用会计师事务所审计力量和工作成果。

（三）以财务监督为核心与利用会计师事务所审计结果

1. 财务监督

《国有企业监事会暂行条例》规定的监事会的四项主要职责，涉及企业资产、人和事的方方面面，但核心还是财务监督，因为企业经营活动的成果最终都要通过财务反映出来。

2. 利用会计师事务所审计结果

前提是事务所的审计结果可以信赖，在事务所制定审计计划前，监事会应结合日常监督掌握的情况，将关注的重点事项与事务所沟通，对其审计计划和审计重点提出建议。事务所审计计划确定后，监事会应及时了解审计重点和进度安排等情况。确定专人与事务所保持联系，定期了解审计进度及发现的问题，及时掌握审计情况。查验会计报表合并范围的完整性，合并抵销的充分性，审计调整事项的准确性，以及期后事项、或有事项披露的全面性，发现问题及时与国资委有关职能机构沟通。①监事会在监督检查报告中对事务所审计质量以及与监事会配合情况作出评价，对审计结果的真实性、披露问题的充分性作出评估。对监事会检查结果与事务所审计结果存在较大差异的，予以说明。②对审计中存在舞弊行为或重大错漏情况的事务所，监事会可建议国资委有关职能机构或有关部门予以处理。③监事会对事务所审计报告中披露的重大问题，复核查证后在监督检查报告中反映。④监事会以复核后的报表数据对企业经营业绩作出评价。

3. 两者关系

实行监事会监督，要充分参考和利用事务所审计结果，但事务所的审计不能代替监事会的财务检查。因此，要始终坚持以财务监督为核心，离开了以财务监督为核心，也就失去了对企业评价的基础。参考和利用事务所的审计结果，要确定专人与事务所保持联系，跟踪审计过程，分析复核审计披露的重大事项和问题，对事务所的审计质量进行评估，对事务所受审计手段限制难以查清的问题，进行追踪检查。重点分析和复核审计报告中披露的重大事项和重大问题。对会计师事务所受审计手段限制难以查清的问题线索，进行重点检查，必要时可另行聘请会计师事务所开展专项审计。对在年报审计中存在舞弊行为或重大错漏情况的会计师事务所，监事会可以建议财政部予以处罚。监事会在坚持以财务监督为核心的同时，把主要精力转到对企业重大决策和重大事项的监督检查上来，进一步提高监督时效和水平。

（四）分组联系与发挥办事处整体合力的关系

（1）分组制度：监事会根据监督检查工作需要，分组联系所监督企业。①设立：组长在专职监事（含专业人员）中产生。中央管理主要负责人企业的组长可由办事处负责人兼任。②主要工作职责：承担监事会与所监督企业的日常联系，受监事会主席指派列席企业有关会议，搜集分析企业信息资料，草拟监督检查方案（包括日常监督计划和集中检查方案），撰写季度工作报告，起草专项报告、情况报告、年度监督检查报告和与企业交换意见提纲，联系会计师事务所等。同时参加对其他企业的监督检查工作，承担其他交办事项。③定位（作用）：组长在日常监督中扮演重要的角色，除了日常工作联系外，还是监事会派驻企业现场的监督代表，要在集中检查、拟订监督检查方案、起草专项报告和年度报告等方面发挥重要作用。

（2）办事处整体合力：在监事会主席领导下开展工作。办事处负责人负责监督检查工作组织协调和日常事务管理，对监事会主席负责。遵循"下去分家，上来齐抓"原则，发挥集体智慧。办事处执行检查任务"分而不散，聚而不乱"，使个人积极性与集体智慧密切结合。一是分工明确，责任清晰，集体谋划，分头执行。二是信息共享，沟通情况，取长补短，共同提高。三是事关大局的工作主任牵头集体研究，主席同意，合力推进。通过以上措施，较好地避免了重点联系人画地为牢，相对封闭的缺陷。

（3）两者关系：实行监事会监督，既要充分发挥重点联系人的作用，又要体现办事处的整体合力。重点联系人要树立全局观念，加强团结协作，遵守办事处纪律，服从办事处管理。建立重点联系人定期报告工作制度，及时通报日常监督工作情况，实现办事处内部信息通畅和资源共享。重点联系人要增强监督的灵敏性，日常监督中发现的企业重大问题要及时报告。重点联系人撰写日常监督日志，记录检查轨迹，为集中检查提供基础素材。建立办事处例会制度，及时听取重点联系人的汇报，认真分析研究重点联系人定期提交的工作报告，加强对重点联系人的考核。重点联系人每季度应向监事会提交工作报告，汇报日常监督工作情况、企业运行情况及存在的主要问题并提出相关建议。遇有紧急或重要情况应及时报告。监事会一般每季度召开一次例会，通报季度工作进展情况，研究日常监督发现的问题，明确下一步工作安排等。重点联系人要服从办事处的统一安排，切实负起日常监督责任。办事处负责人承上启下，要做好组织协调工作，发挥办事处集体智慧和力量，对主席负责，为主席把好关。

六、监事会监督的比较优势

1. 形成了独具特色的监督方式

一是监督性质具有独立性和公正性。监事会属于外派性质，现由国资委代表国务院派出，检查结果直接向国务院或国资委报告。监事会与企业是监督与被监督的关系，不参与、不干预企业的经营决策和经营管理活动，处于比较"超脱"的地位。监事会监督检查所需经费由国家财政拨付，与企业没有经济利益关系，不受被监督者利益的驱使。这种制度安排体现了出资人监督的性质，保证了监事会独立行使监督职权，公正开展检查工作，客观报告企业情况，既维护了国有资产所有者权益，又保护了企业依法享有的经营自主权。

二是监督内容具有综合性，监督效率较高。根据《监事会条例》，监事会的主要职责是：检查企业贯彻执行有关法律、法规和规章制度的情况；验证企业财务会计报告的完整性、真实性、合法性；监督企业国有资产运营和保值增值等状况；评价企业负责人的经营业绩并提出奖惩任免建议。监督内容涉及资产、人和事等几个方面。另外，监事会成员每届任期三年，长年深入企业，每年深入每个企业集中检查时间至少两个月。因此，监事会的监督具有经常性、综合性和持续性的特征，能够比较全面、深入地了解和掌握企业情况，保证监督检查质量。

三是监督方法具有系统性和创新性。监事会继承了稽察特派员制度行之有效的一些做法，并以《监事会条例》为依据，在日常工作管理、业务技术规范、行政事务保障等方面，先后制定了30多项工作制度，使监督检查工作初步实现了制度化、规范化，逐步形成了具有自身特点、区别于其他监督机构的工作程序和工作方法，形成了依法监督、突出重点、提高效能、现场检查与非现场检查相结合的总体工作思路。同时，监事会注重在实践中总结提高，不断创新，与时俱进。例如，经国务院批准，制定了《监事会与企业交换意见暂行办法》（以下称《交换意见办法》），将检查出的需企业自行纠正的问题与企业交换意见；国资委成立后，经过认真研究，制订了《监事会监督检查报告成果运用暂行办法》，在国资委职责范围内规定了对检查发现的各类问题的处理办法，初步建立了监督检查成果的运用机制。

2. 发挥了独到的监督作用

一是建立了一条独立于企业的信息渠道。监事会的根本职责是维护国有资产及其权益不受侵犯；基本形式就是通过监督检查，实事求是地报告企业情况。多年来，监事会一直向国务院报送监督检查报告和专项报告，比较全面、客观地提供了中央企业信息，防止或缓解了出资人和经营者之间信息不对称问题，已成为出资人了解企业真实情况的重要渠道、进行决策的重要依据。

二是强化了企业负责人的自律意识。多年来，监事会检查发现的涉及国有资产流失的违法、违纪案件线索，依照程序移交司法、纪检、审计机关，使犯罪分子受到了法律的制裁，使违纪人员受到了纪律处分。虽然，检查发现的违法、违纪问题发生在少数企业，但却起到了普遍的教育、警示以至威慑作用，强化了企业负责人的自律意识，增加了他们的动力和压力。

三是促进了企业改善经营管理。监事会监督检查报告中提出了许多改进企业经营管理、规范企业行为的规章制度等方面的建议合计 2400 余条，其中一些得到了国务院领导和国资委领导的重视，批示有关部门研究和解决。为提高监督效能，监事会还就检查出的需企业自行纠正的问题，与企业交换意见，提醒和督促企业完善制度、加强管理、防范风险，受到企业的肯定与欢迎。不少企业借助监事会监督检查契机，自查自纠，堵塞漏洞。部分企业还参照监事会的做法，向所属企业派出了自己的监事会。应该讲，中央企业这几年取得的成绩和进步与监事会的工作是密不可分的。

3. 锻炼了一支较高素质的监督队伍

一是业务素质不断提高。为提高队伍业务素质，监事会在严把人员"进口"关的基础上，注重抓了岗前培训和后续教育。专职监事在实践中学习，知识面不断拓展，业务能力不断增强，监事会逐步成为干部的培训基地和"蓄水池"。监事会成员中（不含监事会主席），具有大学本科以上学历的，占八成以上；具有中高级会计师、经济师、工程师职称和注册会计师资格的，占七成以上。多数同志具有会计、审计、法律和企业管理等专业背景，部分同志还是某些行业的专家，基本形成了一支懂企业、会查账、可信赖的监督检查队伍。

二是政治思想工作和廉政建设常抓不懈。监事会十分重视党建工作，以办事处为单位设立了党支部，始终把队伍的思想、组织和作风建设摆在重要位置。为确保廉洁自律，队伍组建之初，就制定了"六要六不"行为规范，并坚持每年召开一次专题会议，检查贯彻执行情况，对一些不良倾向和苗头及时批评纠正，防微杜渐。在监事会主席的率先垂范和严格管理下，监事会的同志恪守各项廉政规定，树立了清正廉洁的形象，赢得了企业的尊重。

三是工作作风扎实深入。监督检查工作中，监事会始终坚持深入企业，深入一线。在坚定维护国家利益的同时，妥善处理监督与被监督的关系，尊重企业的经营自主权，保护企业经营者的积极性。监事会队伍的事业心、责任感和优良作风受到企业普遍好评，监督检查工作得到了企业领导和职工群众的广泛支持与配合。实践证明，外派监事会制度是符合我国国情的、行之有效的国有企业监督制度。

监事会监督与国资委监管工作协同配合[*]

2008 年 12 月 25 日时任国务院副总理张德江在全国国有资产监督管理工作会议上提出，监事会要进行"三个探索"，其中之一就是要"积极探索监事会监督与国资委监督管理的协同配合"。① 2009 年李荣融同志在《国有企业外派监事会制度十年回顾》中指出："积极探索监事会监督与国资委监督管理的协同配合，充分发挥监事会监督作用。"孟建民同志进一步指出："努力强化与委内的协调配合这不仅仅是适应国有资产监督管理体制的客观需要，也是监事会工作拓展更大发展空间或有效工作组织的需要。"按照协同论原理，本文拟寻找并发现监事会监督与财务监督、巡视、建设规范董事会、企业负责人任免评价、业绩评价等国资委监管工作共同作为国有资产监管系统的子系统之间的联合作用，以便产生宏观尺度上的功能和效果，实现监管合力，真正履行好出资人的监督和管理职能。

---

*部分内容发表于《国有资产管理》，2013 年第 3 期。

①监事会指国资委代表国务院派出的监事会，下同。

一、监事会与国资委监管工作协同配合的意义

（一）监事会监督与国资委监管工作的关系

1. 管理与监督是有机整体，加强两者的协同效应

管理和监督是相互联系的有机整体，缺一不可。国资委成立后，既重视宏观管理，又重视微观监督，同时注重二者协调。根据国务院国资委三定方案和《企业国有资产监督管理暂行条例》规定，委机关业务厅局对中央企业相关人、事和资产，履行出资人的职能管理与宏观管理；监事会则履行对中央企业以微观、个体为特征的全面、深入、具体的监督。由于以上工作特征和要求的明显不同，既为监管分离、各行其是提供了客观条件，又为监管协同、密切合作提供了现实必要性。因此，加强和改进监督与管理的协调，是做好国资监管工作一项重要而紧迫的课题。

2. 监督与管理相结合，强化对管理的监督

首先，在资产管理方面，监事会实施监事会监督，应当与产权管理、财务管理、业绩考核管理等国资委监管工作有机结合起来，形成有效深入的监督，使监督真正落到实处。其次，在人的管理方面，监事会实施监事会监督，应当与企业干部的选拔、考核、任免以及奖惩等国资委监管工作有机结合起来，形成全面客观的监督，使监督能够促进出资人选人、用人机制不断完善。再次，在事的管理方面，监事会实施监事会监督，应当与资本预算、

资本运作、投资融资、改制重组、薪酬分配等国资委监管工作有机结合起来，建立高效的监督网络，使监督真正能够确保国有资产保值增值，遏制国有资产流失。

（二）监事会监督与国资委监管工作协同配合的意义

国有资产监督管理和履行出资人职责的工作实践表明，国资委履行好出资人职责，在各监管工作之间越来越需要加强合作与协调，在许多方面形成新的协同配合机制，这是国资委作为统一整体完善和加强履行出资人职责的必然结果，也是尊重市场经济规律、尊重企业发展规律要求的体现。

1. 整合监管资源、完善国有资产监督管理体制、科学提高监管水平

监督和管理是国资委的两大主要职能，目前国资委内设机构在职能配置上存在交叉重复，管理和监督未截然分开，管理中有监督、监督中也有管理的成分。因此，各部门单方联系企业，政出多门，对企业有重复监管的现象，给企业带来不必要的负担。整合监管资源，对委监管资源进行协同配置，发挥国资委内部监督与管理的协同优势，使监督产生辐射效应，让监督融于国有资产管理中，使多股绳拧成一股劲，从而降低监管成本、提高监管效率。2003年以来，根据国有资产监管需要，结合国资委中心工作，监事会将出资人关心关注的企业投资决策、重组改制、产权转（受）让、清产核资、业绩考核、薪酬分配及高风险业务情况纳入监督检查重点，对国资委关注的事项进行专项检查，对企业

执行国资委相关政策规定情况进行有效监督。积极探索监事会的监督与国有资产监管相结合的途径和方法，为建立高效有序的国有资产监督管理体制做出重要贡献。

2. 发挥监事会自身优势、拓展发展空间、提高工作水平

国资委代表国务院派出的监事会，具有体制优势、信息优势和长期形成的"六要六不"行为规范的作风优势等三大优势。从委机关业务厅局的角度来看，监事会最大的优势是信息优势，尤其是对特定企业的信息优势，因此应更加重视监事会的意见和建议，尤其是对特定企业的意见和建议，进一步加强与监事会的沟通交流，将有关做法经常化、权责化和制度化，并将其嵌入到委相关管理与决策流程中。从监事会的角度来看，应扩充其工作内容，改进其工作流程，以释放其工作能量，进一步加强监督检查成果的开发利用，发挥其应有的作用。

二、监事会与国资委监管工作协同配合现状

围绕国资监管中心任务，自 2010 年起监事会不断加强与委内厅局的工作协同，建立了监督与管理协调联动的工作机制，协同配合呈现了新面貌，推动形成国资监管合力。

（一）不断推进监事会与委内厅局的协同配合

1. 监事会与评价局的协同配合

评价局每年一度对企业财务决算审计和决算结果进行审核和

批复，监事会在集中检查中对会计师事务所财务决算审计工作进行复核，共同督促企业提高财务管理水平和提高资产质量。监事会积极参加评价局组织的专项检查工作，如 2010 年参加评价局组织开展的"小金库"专项治理重点检查工作，为"小金库"专项治理重点检查工作做出了重要贡献。经多年工作协同，积极探索和推进委内工作与监事会工作协同配合。

2. 监事会与纪委、监察局的协同配合

在查办中央企业案件中，国资委纪委根据工作需要，可事先查阅和了解监事会的有关监督检查成果；在效能监察方面，监事会派员参加纪委有关的专项检查和做好有关工作完成情况的汇报。

3. 监事会与巡视组的协同配合

2009 年以来，按照国资委对中央企业开展巡视的要求和有关规定，国资委成立专门的巡视工作机构，监事会派员参与所监督企业的巡视工作，积极配合做好巡视工作，为加强委内监管协同做出积极贡献。

4. 监事会与综合局、分配局等厅局的协同配合

监事会分别于 2011 年和 2012 年开展了对企业全员业绩考核情况和企业负责人公务用车等职务消费管理情况的专项检查，协同有关厅局有效推动国资监管工作。

5. 监事会与企干一、二局的协同配合

监事会通过对董事会年度工作报告提出意见、参加董事会工

作评价沟通会、参加董事会年度工作报告专题会议等形式，积极参与董事会评价工作。2010年度建设规范董事会中央企业工作评价首次以监事会的评价意见为基础，形成国资委的意见，在建设规范中央企业董事会工作中发挥了积极作用。

6. 监事会与国资委建设规范董事会中央企业工作的协调配合

一是监事会对转来的规范董事会建设企业的年度工作报告结合监督检查情况，认真研提意见，并对改进企业董事会工作和完善董事会试点相关制度等提出了建议。二是监事会参加董事会工作评价沟通会，并认真负责地发表意见。三是监事会参加董事会年度工作报告专题会议。监事会主席对董事会工作发表意见、提出质询。四是监事会积极参与对董事会试点企业的董事长、总经理履职情况的评价。五是2010年度建设规范董事会中央企业工作评价首次以监事会的评价意见为基础，形成国资委的意见，在建设规范董事会工作中发挥了积极作用。

（二）建立综合分析机制，进一步调动了全委监管资源

自2011年4月22日召开首次中央企业综合分析会议以来，国务院国资委以监事会监督工作为基础，建立中央企业综合分析机制。监事会主席带队向企业通报综合分析会议情况，监事会认真督促检查企业整改落实情况，积极协调和督促委内厅局协同落实，发现问题及时提出意见和建议，确保综合分析成果落到实处。委内各厅局努力推进分工事项落实，并和监事会一道，共同督促企业落实综合分析会议要求，企业整改工作成效明显。通过开展

综合分析工作，综合分析机制取得积极成效，企业自觉主动整改、监事会与厅局联动的三方协同机制已基本形成。

（三）制度衔接日趋规范

近年来，国资委内厅局和监事会在制定监管制度时，逐步将相互听取意见纳入必经程序。例如，委内厅局在研究制定《地方国有资产监管工作指导监督办法》等规章制度时，都认真听取了监事会意见；监事会在研究制定《监事会境外国有资产检查工作规范（试行）》等制度时，也认真征求委内厅局意见，进一步夯实了监管融合的基础。此外，监事会根据工作需要，制定出台了《监事会监督检查与经济责任审计工作协同有关事项的通知》《中央企业综合分析机制工作办法（试行）》《关于加强监事会监督与委内厅局工作协同事项的通知》等规范性文件。通过制度建设和制度衔接，监事会与委内有关厅局规章制度衔接、监管工作融合、信息资源共享，充分体现了出资人统筹监督管理的体制优势。

三、进一步完善监事会监督与国资委监管工作协同配合制度的具体措施

（一）从制度设计和建构层面完善监事会和委监管工作协调配合制度

1. 建立监事会与国资委监管工作双向融入机制

一是监事会将国资委的重点工作要求融入其日常工作中，参考国资委每年的中心工作来制定《监事会年度工作要点》，听取包括国资委有关厅局在内的多方面的意见，多收集基础性信息，以确定工作重点，有的放矢的开展工作。二是建立企业重大问题事先征求监事会意见制度。委监管工作中，凡涉及企业重大问题和重要事项，如投融资、并购重组、产权变动、薪酬分配、领导班子考核调整等事项，可以事先听取监事会的意见，监事会有明确意见的，要认真加以研究，并向委领导报告。

2. 建立监事会与委机关人才的双向流动机制

监事会深入企业，掌握微观业务与财务管理等知识，委机关掌握宏观知识与理论，若监事会能与委机关人员按照《公务员法》有关规定，通过岗位轮换或交流、竞聘上岗等方式，形成监事会与委机关人才的双向流动机制，这样不仅有利于个人素质的提高，而且有利于国资监管队伍素质的全面提升。

（二）从运行机制层面完善监事会和委监管工作协调配合工作

1. 建立信息交流通报制度

通过交流工作信息，监事会主动争取与委各业务厅局之间的工作协同配合。一是在国资委范围内，通过《国资委通报》《委内要文》等载体，每周增加刊发各厅局和监事会等部门的工作简况信息，将委内日常工作情况在全委范围内进行交流和通报。二是监事会采用《央企决策信息》《监事会专报》《综合分析简报》《情况反映》等信息载体，向委领导和各厅局提供有关企业信息。三是各厅局通过《财务统计快报》《中央企业财务快报》等信息载体，向委领导和各厅局、监事会提供有关企业信息。

2. 利用信息化手段，建立成果共享机制

利用已有的国资委办公网和厅局子网站资源等手段，使委内各业务厅局和监事会实现资源共享、资料查询和文件传递等，从而全面增进监事会与委内厅局的交流，不断畅通沟通渠道，逐步探索建立双向、直接的信息沟通、工作配合、成果共享机制。

(三) 从立法体系层面完善监事会和委监管工作协调配合制度

目前，除 2008 年 10 月 28 日颁布的《中华人民共和国企业国有资产法》外，与国有资产监管有关的法规基本上是行政规章，立法层次较低，导致立法的不统一，相互间难以协调，此外还存在如监事会监督与国资委监管工作协同等方面的立法空白等问题，因此，应尽快加强国有资产监管的立法工作，提高立法层次，充实相关内容，树立法律权威。当前应当尽快完善以《公司法》《国有资产法》《国有企业监事会暂行条例》和《企业国有资产监督管理暂行条例》为核心的国有资产监管制度立法体系，同时注意国有企业监事会制度立法与整个国有资产监督管理立法的相互兼顾和相互协调。只有这样，才能使我国的国有资产监管立法体系不断丰富和完善，使国有资产监管协同效用得以充分发挥。

综上所述，要建立以上工作机制，需要制定一系列的制度规定，目前，地方国资委纷纷出台有关监事会与委其他部门协调配合方面的制度规定，规范和明确了监事会与委其他部门协调配合的内容和范围，国务院国资委可参考地方做法，出台有关监事会与委监管工作协调配合工作的制度规定，并细化工作流程。这样，监事会工作必将更好地融入整个国资委监管工作中，真正形成监管合力，提高监管效率。

西方国家股权多元化企业出资人
监督的理论与实践[*]

发达国家的企业形式大多为股权多元化企业，虽然国有控股企业很少，但控股股东也多为银行、基金会或企业法人等机构投资者①，这与我国由国资委这一机构代表国务院履行国有资本出资人职责相比，并无原则性的差异。所以，从出资人监督的角度考察，发达国家出资人监督股权多元化企业的理论与实践应该对我们有一定的参考意义。

一、出资人监督的理论基础

1. 委托代理理论

委托代理理论是在 20 世纪 60 年代末 70 年代初一些经济学

＊载于中国经济出版社《探索与研究——国有资产监管和国有企业改革研究报告(2007)》，2008 年 1 月第 1 版。

①美国的机构投资者在一战后发展极为迅速，持股比重不断上升：1949 年为 14.5％，1960 年为 18.7％，1970 年为 27.6％，1989 年为 35.3％，1996 年达 43％。日本 1949 年法人股东的持股比率仅为 15.5％，此后即不断上升，到 1990 年达到 66.8％。欧洲大陆企业的控股股东多为企业法人和家族。

家深入研究企业内部信息不对称和激励问题过程中发展起来的。委托代理理论认为，在委托代理的关系当中，由于委托人（股东）追求的是企业利润最大化，代理人（经理人员）追求的是个人利益最大化，二者的效用函数不一样，就会产生代理人的道德风险和机会主义问题，代理人就可能造成对委托人利益的损害。

信息不对称是委托人和企业代理层之间的主要障碍。企业的价值取决于其未来的发展前景，而企业过去的经营业绩和当前的经营绩效对其未来发展的前景有极其重要的导向作用。企业内部人员对这些信息掌握较为充分，而出资人或者高级的企业代理层（如董事会）并不十分了解，也不容易接触到这些信息。向出资人传达信息比较简单，而让出资人相信这些信息的真实性很难。内部人员有可能夸大企业过去和未来将要产生的经营业绩，而出资人不能直接核实这些信息的真实性。

委托代理关系的存在和信息不对称双重作用的结果之一就是内部人控制问题的产生。内部人控制是指独立于股东或投资者（外部人）的经理人员（内部人）掌握了企业实际控制权，在公司战略决策中充分体现自身利益，从而架空所有者的控制和监督，使所有者的权益受到侵害。极端地讲，出资人作为外部人想完全监督内部人是不可能的，出资人永远无法达到经理人员对企业信息的掌握程度。只要存在委托代理关系和信息不对称问题，企业就必然存在内部人控制的倾向。如果出资人对企业放任，则很难保证自身的利益。

因此，为了解决由委托代理关系产生的各种问题，委托人必须建立一套规范的机制来约束和激励代理人的行为，使代理人的目标与委托人的目标接近一致，从而减少风险，提高企业经营效率和投资回报。

2. 公司治理理论

公司治理理论的核心是公司治理结构问题。而公司治理结构的概念则没有统一的界定。斯坦福大学教授钱颖一认为公司治理结构是"一种制度安排，用于支配若干在企业中有重大利害关系的团体——投资者、经理人员、职工之间的关系，并从这种联盟中实现经济利益"①。奥利弗·哈特认为公司治理结构是"一个决策机制，而这些决策在初始合约中没有明确地设定。更确切地说，治理结构分配公司非人力资本的剩余控制权，即资产使用权如果在初始合约中没有详细设定的话，治理结构将决定其将如何使用"。② 在谁是公司治理的主体上，存在着股东治理模式与利益相关者治理模式的争论。按照股东治理模式，作为股东代理人的总经理（或董事会），必须以股东价值最大化作为企业经营的唯一目标和行为准则；而按照利益相关者治理模式，现代公司不仅归股东所有，其他利益相关者实际上也为公司进行了投资（如员工进

---

①钱颖一. 中国的公司治理结构改革和融资改革 ［G］. 转轨经济中的公司治理结构. 北京：中国经济出版社，1995.

②奥利弗·哈特. 公司治理理论与启示 ［J］. 经济学动态，1996（6）：51-54.

行了人力资本投资）。在考虑了相关者的利益以后，企业就形成了一个不可分割的整体。企业的经营目标就应该是企业整体价值最大化的多重经济目标和社会目标，而不应该只是以股东利益至上的单一目标。

3. 分权制衡理论

分权与制衡理论最早是由英国的洛克和法国的孟德斯鸠提出的一种政治学说，是资产阶级宪法的一项基本原则。西方国家公司法学家视公司如国家，他们认为除公司不是主权国家而唯一有资格限制外，公司与国家无其他差别。因此，公司必须服从一些支配政府机构本身的法律原则。美国学者阿道夫·贝利在《公司制度的现代职能》中指出："大公司是不静止的政治制度的一个别种，就公司内部制衡机制的建立和完善而言，必须遵循以权力制约权力之理念，使决策权、执行权、监督权得以科学划分并平衡、协调不同利益主体的利益。"[①] 正是这一理论，为出资人对企业进行监管的模式提供了一个大体的界限——监管要保证企业运转的效率，要平衡地分配各种权力。监督权力过小，容易造成内部人控制，产生代理人道德风险；监督权力过大，则可能窒息决策和执行的效率，抑制企业发展。形成规范有效的公司治理的关键是在各种权力和利益之间寻找最佳的平衡点。

---

①梅慎实. 现代公司机关权力构造论［M］. 北京：中国政法大学出版社，1996.

二、出资人监督的主要模式

1. 独立董事模式

该模式以美国、英国为代表，在股东大会下只设董事会，不设监事会，实行"单委员会"制①。资产监督职能由董事会中的独立董事行使。董事会下设的审计、提名、薪酬等委员会主要由独立董事领导，一方面从结构上对董事会中的执行董事形成制衡，另一方面通过专业委员会对经理层进行监督。独立董事的比例各国有所不同，美国法律规定独立董事要占董事会成员的50%以上；英国规定独立董事与执行董事应保持平衡，以确保董事会不被哪一类人所控制；澳大利亚要求董事会中至少要有1/3的独立董事。独立董事除享有一般董事职权外，还拥有特别职权。美国公司中的独立董事拥有下列特别职权：①提议权：有权提议召开临时股东大会、董事会。②聘请权：有权聘请公司的服务机构，如公司的会计服务机构、外部审计机构、独立财务顾问等。③否决权：独立董事在一些重大决策中具有否决权。对公司重大的关联交易、聘任或解任高级管理人员以及确定高级管理人员的薪酬等重大事项，进行审查并发表独立意见。④报告权：独立董事有权直接向股东大会、证监会报告情况。

---

①"单委员会"制是指在股东（大）会下只设董事会、不设监事会的模式；"双委员会"制是指在股东（大）会下既设董事会又设监事会的模式。

美国独立董事模式的实质是对"单委员会"制条件下解决日益严重的内部人控制问题的创造性措施。起源于 1940 年美国《投资公司法》，但直到 20 世纪 70 年代才引起重视。1978 年，美国证监会迫于投资者的巨大压力，批准纽约证券交易所引入一项新条例，即要求本国的每家上市公司"在不迟于 1978 年 6 月 30 日以前设立并维持一个全部由独立董事组成的审计委员会，这些独立董事不得与管理层有任何会影响他们作为委员会成员独立判断的关系"，从此，独立董事制度才从广泛意义上在美国得以确立。"安然事件"后，美国制定颁布了《萨班斯法案》，对独立董事制度加以强化，规定董事会中独立董事必须占多数，董事会薪酬委员会必须由独立董事构成。由此可以看出，美国独立董事模式的形成与其公司治理历史上出现的问题密切相关，适合了在企业股权比较分散情况下各个小股东无力承担监督成本而又希望"搭便车"[①] 的实际情况，对美国公司治理的发展起到了积极作用。

2. 监事会模式

该模式以德国为代表，在股东大会下设监事会[②]、董事会，实

---

①"搭便车"理论首先是由美国经济学家曼柯·奥尔逊于 1965 年发表的《集体行动的逻辑：公共利益和团体理论》一书中提出的。其基本含义是指不付成本而坐享他人之利。

②从职权性质看，德国监事会类似于美英等国的董事会，其董事会类似于美英等国的经营层。所以，德国监事会模式实质上与美英等国由董事会行使监督权的模式并无二致。

行"双委员会"制，监事会权力高于董事会。根据德国1978年修订的《股份公司法》第95条的规定，监事会一般由3名成员组成，公司章程可以规定更多的人数，人数必须能够被3整除。监事会成员的最多人数限定为：公司股本在150万欧元以下的为9人；150万欧元以上的为15人；1000万欧元以上的为21人[①]。根据《股份公司法》规定，监事会拥有以下职权：①任免权：监事会有权任命董事会成员，同时任命一名董事为董事会主席。如果董事粗暴地违反董事义务，没有能力执行职务，或股东大会丧失了对他的信任时，监事会有权撤销任命和更换董事会主席。此外，董事的薪酬由监事会决定。②监督权：监事会有权检查公司财务状况，可以随时要求董事会报告公司的重要业务执行情况。③公司代表权：公司的代表权原则上属于董事会，但在特殊情况下，如董事与公司之间产生诉讼时，监事会可以代表公司。④股东大会的临时召集权：如果公司利益需要，监事会有权临时召集股东大会。

德国监事会模式的实质是在德国企业股权比较集中的条件下，大股东为维护自己的资产安全不得不担负起监督成本的必然结果。德国监事会起源于由大股东组成的"经营管理会"，又称"大股东会"。"大股东会"任免董事会的董事，监督其业务执行。1861年的德国《商法》首次确立了这种"双层制度"，但属任意规定。

---

①杜景林，卢湛，译. 德国有限责任公司法、德国公司改组法、德国参与决定法[M]. 北京：中国政法大学出版社，2000：44-50.

1870 年《股份公司法》修改，废除了"大股东会"直接对股份公司的业务监督，而由"监事会"这样的专门机构取而代之。此外，为了改善监事会的成员结构，1951 年的《煤钢企业共同决定法》、1956 年的《共同决定修正法》以及 1976 年的《共同决定法》，都对职工参与监事会作了特别规定，要求监事会中必须有 1/3—1/2 的工会和职工代表。可以看出，德国监事会模式的形成有其特定的历史渊源，符合德国企业股权比较集中条件下的实际要求，为维护大股东在股份公司中的资产安全起到了积极作用。

3. 任意选择制

该制度以日本、韩国为代表，是指股份公司可在监事会模式和独立董事模式之中任选一种。日本的公司监事称为"监察人"，监事会称为"监察人会"，机构与董事会平行。根据日本商法规定，日本公司监察人主要拥有下列职权：①财务和业务监督权。不论何时，监察人可以要求董事提供营业报告，并可调查公司的业务及财产状况；董事发现对公司有显著损害的事实时，需立即报告监察人。②对董事会报告及相关文件的审核权。监察人对于董事提交给股东大会的议案及报表，应予调查，认为违反法律章程，或有显著不当的事项时，应加具意见，报告于股东会。董事应于每个决算期，制作资产负债表、损益计算书、营业报告书等文件及其附属明细表，并取得董事会的承认。所有这些文件必须取得监察人的检查。③对控股子公司的垂直调查权。持有相当于子公司已发行股份总数过半数的股份或相当于子公司资本过半数的出资额的公司（即母公司），其监察人于执行职务有必要时，可以要求其子公司提出营业报告；子公司持有相当于股份有限公司已发行股份总数过半数的股份时，该股份有限公司（孙公司）亦视为其母公司的子公司；母公司监察人要求提出营业报告，而子公司不立即作出报告或查明其报告是否真实，母公司监察人在必要时可以就有关报告事项直接调查子公司的业务及财产情况；子公司有正当理由时，可以拒绝提供前述报告或调查。④对董事行为的纠正权。董事因超出公司目的范围而行为或违反其他法令或章程，致使公司有发生显著损害的危险时，监察人可以要求董事停止其行为。⑤对于会计监察人①的选任和解任权。会计监察人直接由股东大会选任，但公司监察人如果有半数以上同意，可以提请董事会将会计监察人的选任和解任事项列入股东大会议程。⑥特殊情况下的公司代表权。公司对于董事或董事对于公司提起诉讼时，在诉讼上，由监察人代表公司。⑦陈述意见权。监察人在股东大会上，可以就监察人的选任或解任陈述意见。

　　日本的监察人依法享有一定的独立性，主要表现在四个方面。一是监察人可以独立行使监察权，监察人会只是协调性机构，不影响监察人的独立性。二是监察人不得兼任公司或子公司的董事、经理人或其他职务。三是于 1993 年建立了外部监察人制度。

---

　　①类似于我国的中介审计机构，如会计师事务所的注册会计师等。

2001 年 12 月，日本国会通过了《有关公司治理结构的商法等修改案要纲》，规定大公司中监察人的半数以上（至少两人）须为外部监察人，其条件是未曾担任过公司或子公司的董事、经理或其他职务。四是监察人的报酬由公司章程规定或股东大会决议确定。

日本引入独立董事制度较晚，2002 年 5 月 29 日修订后的商法、公司法对此明确做了规定，并且主要针对大公司。由于各界意见不尽一致，日本在修订有关法律时采用了"任意选择制"，即是保留传统的监事会制度还是建立独立董事会制度，公司有自由选择的空间。

韩国的监事制度与日本的监察人制度大体相同，独立董事制度的引入比日本稍早，于 1998 年开始引入并实行。韩国公司也可以在独立董事制度和监事制度之间任选其一，所不同于日本的做法在于，根据 1999 年修订后的《商法》第 415 条第 2 款的规定，不采用监事制度的公司，要在公司董事会下设"监事委员会"，成员由董事会选任。

日本任意选择制的形成决定于大股东治理的现实及同时受德国和美国公司治理文化的影响。日本的股权多元化企业类似于德国，也主要由银行持股或公司法人相互持股，股权相对集中，大股东为维护资产安全，不可能像小股东一样采取"搭便车"的方式，不得不承担起监督的主要成本。另外，日本商法自 1899 年制定时就受德国法律的影响，经过 1911 年和 1938 年两次修改，奠定了现行企业金融制度的基础。第二次世界大战后，日本商法又经历了 1948 年、1950 年、1955 年、1962 年、1966 年、1974 年、1981 年、1990 年、1993 年及 2002 年等多次修改，陆续借鉴了美国法律上公司治理的一些内容，形成了一种以大陆法系为基础同时吸收英美法系①特点的立法体系。当然，由于日本和韩国都采用了"任意选择制"，且只能选取其中一种模式，因而，具体到每一家公司而言，仍然只是监事会模式或独立董事模式。

三、出资人对公司的外部治理

一个完整的治理逻辑必然是内外结合的立体治理。内部治理结构是以产权为主线，为实行过程监督而设计的内在制度安排，主要研究公司内部股东大会、董事会、监事会和经理层的权力和责任及其相互制衡关系；外部治理结构是以竞争为主线的外在制度安排，主要研究公平的竞争环境、充分的信息机制、客观的市场评价以及优胜劣汰机制，还包括政府和其他相关机构对公司所进行的治理。企业存在于市场中，存在于政府、股东、利益相关

---

①大陆法系又称罗马法系、民法法系、法典法系或罗马日尔曼法系，是承袭古罗马法的传统，仿照《法国民法典》和《德国民法典》的样式而建立起来的各国法律制度的总称。欧洲大陆上的法、德、意、荷兰、西班牙、葡萄牙等国和拉丁美洲、亚洲的许多国家的法律都属于大陆法系。英美法系又称英国法系、普通法系或判例法系，是承袭英国中世纪的法律传统而发展起来的各国法律制度的总称，英、美、澳大利亚、新西兰、香港等国家和地区的法律制度均属于英美法系。

者的监管下，法律、市场发育、股东意志、利益相关者的影响都会构成公司治理的重要条件。独立董事模式和监事会模式是股东"用手投票"①的治理方式，体现的是公司内部治理；而资本市场上股东的"用脚投票"②、经理人市场上经理人声誉价值的涨跌、国家法律政策对市场、企业的规范，等等，则属于公司的外部治理。其中，出资人外部治理的形式主要有：①在资本市场上"用脚投票"；②聘请会计师事务所或指定专门机构对公司进行检查。

"用脚投票"的一般是小股东，他们无力也不愿意负担监督成本，往往通过这种方式对企业施加间接影响，达到监督的目的。单纯从资产监督的角度来看，"用手投票"着重于在公司治理架构内就近全程监督，"用脚投票"则以外部资本市场上的无形压力对经营者起到约束作用。由于发达国家的资本市场和经理人市场都比较发达，"用脚投票"的结果往往会对经营者的经营资格及身价形成巨大影响力，因而，"用脚投票"对"用手投票"具有积极的补充作用。

股东聘请会计师事务所对出资公司进行审计检查在发达国家

---

①"用手投票"是指在股份公司中，出资人以其投入资本的比重，参与公司的利润分配，享有所有者权益；以其股权比重，通过公司股东代表大会、董事会，参与公司的重要决策，其中包括选择经理层；通过监事会或独立董事监督董事会或执行董事以及经理层。

②"用脚投票"是指出资人直接在资本市场上通过股票买卖、企业兼并重组等方式对该公司经营状况进行评价，对经营者施加间接影响。

已形成定例。如果公司中有国有股东，国家作为出资人往往还会委派专门机构对企业国有资产进行监督检查。这方面的情况以法国国家监察署制度最为典型。根据 1955 年 5 月 6 日法国政府颁布的法令，国家对拥有 50％以上股份的国有企业总公司和国家控股子公司等实行国家财政监督。为此，法国在经济、财政与工业部内设立国家监察署，向国有企业派出监察员。监察员的人选由经济、财政与工业部部长提名，交由总理主持的内阁会议通过，由总理任命。监察员的主要职责一方面是揭示监督对象的主要经济与财务风险，另一方面是对监督对象的绩效进行评估。根据法律规定，监察员有权出席企业董事会，如决策机构违背国家利益时，经经济、财政与工业部部长同意可以行使否决权；企业做出重大决定如制定预算、重大投资、大额开支等，必须有国家监察员的签字同意方可实施；监察员拥有广泛的调查权，有权要求企业提供所有会计资料和有关的一切文件，可进入企业的任何场所。此外，监察员还有权列席股东大会、参加董事会下设的企业审计委员会，以及监督企业工资奖金的增长、垄断性国有企业的服务价格等。监察员每年要向经济、财政与工业部提交一份监察报告，提供企业信息，报告企业的投资、赢利、国有资产保值增值等情况，并以秘密方式及时向财政部长提交企业重大问题的情况通报。为避免监督职能的重复，法国国有企业未设内部监事会。为了解决外部监督时效性不足的问题，法国国家监察员常驻企业，其办公室与被监督企业领导人办公室紧邻而设。

监察员一般被派往其比较熟悉的企业，任期一般是五年。通过这种"外派"与"常驻"相结合的形式，并赋予监察员"否决权"和重大事项的"签字权"，在坚持权威性的同时增强了实时性。应当说，法国监察署制度运行 50 年，且现在仍在实行，这本身就表明了它的成效。

参考文献

［1］国务院国资委监事会工作局．国有资产监督法律法规制度办法汇编［M］．北京：中国经济出版社，2012

［2］陈建波．公司治理：激励与控制［M］．北京：中国社会科学出版社，2006

［3］牛国梁．企业制度与公司治理［M］．北京：清华大学出版社，北京交通大学出版社，2008

［4］舒航．企业监督导论［M］．北京：中国财政经济出版社，2003

［5］徐向艺．公司治理：理论与实证研究［M］．北京：经济科学出版社，2008

［6］席酉民，赵增耀．公司治理［M］．北京：高等教育出版社，2004

［7］吴敬琏．现代公司与企业改革［M］．天津：天津人民出版社，1994

［8］国务院国资委研究室．探索与研究—国有资产监管和国有企业改革研究报告（2006）［M］．北京：中国经济出版社，2007

［9］国务院国资委研究室．探索与研究——国有资产监管和国有企业改革研究报告（2007）［M］．北京：中国经济出版社，2008

［10］郑适．中国产业发展监测与分析报告（2011）［M］．北京：中国经济出

版社，2011

[11] 赵杨，王再文．中央企业履行社会责任报告（2011）［M］．北京：中国经济出版社，2011

[12] 李宏勋，何松彪，郝增亮．中国石油工业控制力和国际竞争力［M］．北京：石油工业出版社，2010

[13] 王昌林，等．中国产业发展报告（2010）——培育战略性新兴产业的对策研究［M］．北京：经济管理出版社，2011

[14] 魏礼群．积极推行公有制的多种有效实现形式［J］．求是，2003，21

[15] 李维安．多重的监事会制度需要改革［J］．南开管理评论，2010

[16] 胡国强，田冠军．我国公司监事会功能的实质性缺位与解决对策［J］．会计之友，2008

[17] 王世权，李维安．监事会治理理论的研究脉络及进展［J］．产业经济评论，2009

[18] 姜洋．国有独资公司监事会职能评析与完善［J］．法制与社会，2010

[19] 陈世瑞．国有独资企业外派监事会有效性探讨——上海市管国有企业监事会建设的启示［J］．华东经济管理，2010，（03）

[20] 胡波．论如何强化国有企业外派监事会的财务监督职能［J］．现代商业，2010，（27）

[21] 国资委关于印发《中央企业"十二五"发展规划纲要》的通知（国资发规划〔2011〕97 号）

[22] 国资委关于印发《中央企业"十二五"国际化经营战略实施纲要》的通知（国资发规划〔2011〕175 号）

[23] 国资委关于印发《中央企业"十二五"科技创新战略实施纲要》的通知（国资发规划〔2011〕153 号）

[24] 国资委关于印发《中央企业"十二五"时期深化中央企业改革、增强企业活力的总体思路与具体措施》的通知（国资发改革〔2011〕160号）

[25] 国资委关于印发《中央企业"十二五"时期完善国有资产监管体制保障中央企业做强做优的总体思路和主要任务》的通知（国资发法规〔2011〕161号）

[26] 国资委关于印发《中央企业"十二五"转型升级战略实施纲要》的通知（国资发规划〔2011〕163号）

[27] 国务院国资委改革局. 从中国一流到世界一流——做强做优、培育世界一流企业的思路汇报.2011年7月28日

[28] 国资委办公厅.2010年中央企业社会责任报告专题分析报告.国资委工作交流.2011年（31）

[29] 国资委改革局. 培育具有国际竞争力的世界一流企业专刊. 国有企业改革动态（12）

[30] 国资委综合局. 中央企业经营监测月报.2010年12月

[31] 国资委综合局. 中央企业经营监测月报.2011年1月

[32] 中国经济信息网.2011年中国化工行业年度报告

[33] 中国经济信息网.2011年中国机械行业年度报告

[34] 中国经济信息网.2011年中国煤炭行业年度报告